高等职业教育电子商务类专业系列教材

移动电子商务运营

主　编　李志刚
副主编　王　萍
参　编　耿慧慧　刘士忠　刘　静

机械工业出版社
CHINA MACHINE PRESS

本书的内容与移动电子商务运营的业务前沿密切相关，既包含了主流的运营模式，如O2O、社交运营、新零售等，又包含了移动电商项目的策划流程、策划内容和推广渠道，并利用大数据分析方式监测运营效果，围绕微信营销、短视频运营、视频直播运营等多种类型的新媒体营销方式开展策划、实施、监测、反馈，为读者展现了电子商务行业实实在在的运营场景。

本书可作为高等职业院校电子商务类专业的教材，也可作为对移动电商感兴趣的人群全面了解移动电商运营技巧、新媒体培训的学习用书。同时，本书配有电子课件、习题答案、二维码视频、试卷、线上课程等教学资源，凡选用本书作为教材的教师均可登录机械工业出版社教育服务网www.cmpedu.com下载。咨询电话：010-88379375；联系QQ：945379158。

图书在版编目（CIP）数据

移动电子商务运营/李志刚主编．—北京：机械工业出版社，2023.7
高等职业教育电子商务类专业系列教材
ISBN 978-7-111-73492-5

Ⅰ.①移… Ⅱ.①李… Ⅲ.①移动电子商务—高等职业教育—教材 Ⅳ.①F713.36

中国国家版本馆CIP数据核字（2023）第125187号

机械工业出版社（北京市百万庄大街22号　邮政编码100037）
策划编辑：乔　晨　　　　　责任编辑：乔　晨　单元花
责任校对：张爱妮　张　薇　　封面设计：鞠　杨
责任印制：单爱军
北京虎彩文化传播有限公司印刷
2023年9月第1版第1次印刷
184mm×260mm・10.25印张・240千字
标准书号：ISBN 978-7-111-73492-5
定价：45.00元

电话服务　　　　　　　　　网络服务
客服电话：010-88361066　　机　工　官　网：www.cmpbook.com
　　　　　010-88379833　　机　工　官　博：weibo.com/cmp1952
　　　　　010-68326294　　金　书　网：www.golden-book.com
封底无防伪标均为盗版　　机工教育服务网：www.cmpedu.com

前言

移动网络的发展给人们的生活习惯带来了诸多改变，越来越多的人开始用移动端为自己的生活和工作服务，这主要表现在通过移动端进行购物的消费者与日俱增。在这样的环境下，移动电商得到了快速发展，很多线下实体店运营者开始入驻电商平台、短视频平台和直播平台，开始了移动电商运营。

对移动电商运营者来说，入驻平台只是开展移动电商运营的第一步，要想真正做好移动电商运营，必须掌握各种运营技巧。但是，很多人对移动电商的知识知之甚少，部分人甚至连什么是移动电商都不清楚，更不用说如何进行移动电商运营了。

为了帮助大家更好地掌握移动电商运营技巧，笔者结合个人多年的实战经验和教学经验编写了本书。本书通过5个项目、15个任务，对移动电商运营的发展、移动电商商业模式、移动电商策划与运营、移动电商推广营销和移动电商数据运营与效果监测进行了全面的解读。大家只需要读懂并运用书中的知识，便可以快速提高自身的移动电商运营能力。

党的二十大报告提出："教育是国之大计、党之大计""加快建设高质量教育体系，发展素质教育，促进教育公平"。本书在编写过程中坚决贯彻党的二十大报告精神，以学生的全面发展为培养目标，融"知识学习、技能提升、素质培育"于一体，每个任务都从任务描述、知识准备、任务实施、知识巩固和课外训练这五个方面展开。为"推进教育数字化"，对于难度较高的知识点和技能点，授课团队提供了二维码视频，读者可以随时扫码学习。同时，授课团队已在"中国大学MOOC"及"学银在线"开设了本书配套的在线课程，有兴趣的读者还可以选择在线学习并与作者互动。所以，即便是不了解移动电商运营的初学者，也能快速读懂本书，掌握书中的知识和移动电子商务运营技巧。

需要特别提醒的是，本书在编写过程中，基于当前各平台和软件的功能界面进行截图，但由于从编写至出版存在一定周期，平台及软件界面与功能会有调整与变化，请读者在阅读时，根据书中的思路，举一反三，进行学习。

本书由李志刚任主编，负责"项目一"至"项目五"的编写工作及全书的统稿工作；王萍任副主编，负责全书的视频制作工作。耿慧慧、刘士忠、刘静三位教师及北京新七天电子商务技术股份有限公司的一线运营人员参与了视频资源的制作及案例素材的提供，在此一并表示感谢。由于作者知识水平有限，书中难免存在错误和疏漏之处，恳请广大读者批评、指正。

编 者

二维码索引

序号	微课名称	二维码	页码	序号	微课名称	二维码	页码
1	移动电商的发展历程与趋势		15	8	朋友圈营销的要点		92
2	移动电商技术的发展历程		16	9	如何打造有温度的微信朋友圈（上）		93
3	移动电子商务业务的蓬勃发展		17	10	如何打造有温度的微信朋友圈（下）		93
4	O2O的商业模式——企业角度		22	11	微信公众号的传播特征		97
5	O2O的商业模式——用户需求角度		24	12	店铺流量指标——PV与UV		131
6	社交、社群类移动商务运营模式		31	13	数据的获取渠道		136
7	跨界整合运营模式		49				

目录

前言

二维码索引

项目一　认识移动电商运营 1
任务一　理解移动电商的内涵 2
任务二　把握移动电商的发展历程 14

项目二　体验移动电商商业模式 20
任务一　体验O2O运营模式 21
任务二　体验社交类电商运营模式 29
任务三　体验新零售运营模式 39

项目三　移动电商策划与运营 51
任务一　移动电商运营内容策划 52
任务二　移动电商活动运营策划 61
任务三　移动电商推广渠道选择 69

项目四　移动电商推广营销 77
任务一　理解新媒体营销思维 78
任务二　策划与实施微信营销 91
任务三　策划与实施短视频运营 101
任务四　策划与实施视频直播运营 110

项目五　移动电商数据运营与效果监测 124
任务一　理解运营分析指标体系 125
任务二　分析移动电商运营数据 135
任务三　监测移动电商运营效果 144

参考文献 155

project 1

项目一
认识移动电商运营

导 读

快速发展的中国移动电商

　　党的二十大报告明确提出,要"建设现代化产业体系",其中包括了网络强国和数字中国。从移动电子商务的快速发展历程来看,我们一直都在沿着这个方向快速前进着。2009年工业和信息化部为中国移动、中国联通和中国电信三家企业发放了第三代移动通讯牌照(3G),实现了移动通讯与互联网的融合,这为移动电商的快速发展奠定了基础。时隔仅仅4年,2013年年底4G牌照的发放,为移动电商的腾飞插上了翅膀,CNNIC发布的《中国互联网发展状况统计报告》显示,手机网民的规模从2009年的2.3亿上升至2014年的近5.6亿。商务部的报告显示,电子商务的交易规模从2011年的6.09万亿快速上升到2014年的16.39万亿,从3G网络时代到4G网络时代,电子商务的交易规模年增长达到了惊人的33%以上。2019年5G网络正式用于商业领域,我们能够看到电子商务的交易规模在2022年就达到了43.83万亿元。技术的进步与快速应用,为移动电子商务的发展提供了最大限度的保障，我们完全有理由相信，在5G技术日益成熟的未来，移动电子商务会为我们的生活带来更多的精彩！

我国2011—2022年全国电子商务交易总额，如图1-1所示。

图1-1 2011—2022年全国电子商务交易总额

任务一 理解移动电商的内涵

伴随着移动互联网的发展，我国移动电子商务市场交易规模不断上升，在移动端完成交易的商务活动占比不断增加，深刻理解移动电子商务的运营规律已经成为越来越多企业经营者不可或缺的能力。在本任务中，重点对移动电商的一些基础知识进行解读，让大家可以更好地把握移动电商的具体内涵，更好地借助移动电商手段实现企业运营水平的升级。

学习目标：

◎ 了解移动电商的概念和特点
◎ 掌握移动电商的营销策划方式
◎ 掌握移动电商的运营领域

一、任务描述

案例描述

张先生和表弟都经营了自己的超市，在以往的经营中，两个人的收入差距不大。但是在2022年，情况突然发生了变化，表弟超市的经营收入居然比张先生多了近1倍。在参加姑姑生日宴时，张先生便向表弟问起了生意经。

表弟说往年都是通过超市直接向顾客销售商品，但是他发现很多顾客光顾超市的次数逐渐减少。一问才知道，这些顾客越来越习惯在各种移动电商平台进行购物，他们发现无论是从能够购买到的商品种类还是从成交价格来看，网上购物都比实体店购物有优势。

发现了这一"秘密"，表弟从2021年年底开始陆续入驻了几个移动电商平台。令他没有想到的是，2022年超市的订单量明显高于2021年，直播、短视频等营销方式带来了意想不到的结果，许多在线用户都成了超市的忠实顾客。正因为如此，表弟决定在 2023 年增开一家超市，借助移动电商平台寻找更多商机。

听完表弟的讲述之后，张先生感叹："自己做超市 6 年了，怎么没想过做移动电商啊！"

问题分析：

什么是移动电商？除了超市之外，还有哪些行业的实体店可以通过移动电商为顾客提供商品和服务？

二、知识准备

互联网技术的飞速发展将 21 世纪带入了数字营销时代，移动电商的崛起为全人类的商务活动展现了一幅全新的画卷，移动电商从各方面影响着我们的生产和生活方式。未来，企业要想在激烈的市场竞争中立于不败之地，必须深刻理解移动电商的内涵，并要精准把握移动电商的概念、特点和运用领域。

（一）移动电商的概念

移动电子商务简称移动电商，是指利用手机、平板电脑和智能设备等移动智能终端所进行的电子商务活动。

在移动互联网技术和其他信息技术的支持下，人们可以通过移动网络随时随地地进行交易，购买自己所需要的商品或服务。

（二）移动电商的特点

移动电商在发展过程中，逐渐展现出以下三个显著的特点，我们也可以理解为三个方面的优势，正是这些特点推动了移动电商的快速发展。这些特点是互联网技术与现代商务活动逐渐融合的产物，也是支撑移动电商纵深发展的内在驱动力。

1. 移动性

移动电商的移动性主要体现在两个方面：一是交易的移动性，借助移动终端可以随时进行交易，购买到消费者所需要的商品和服务；二是支付的移动性，也就是借助微信、支付宝等 App 和其他在线支付工具，随时可以在线上或线下进行支付，使支付变得不受时间和地点的限制。

2. 精准性

虽然电子商务活动的载体是互联网，交易都是在线上进行的，但是用户在购物时通常需要进行实名认证，而且还要填写收货地址和联系方式等信息，以便享受精准的线上与线下服务。因此，移动电商运营者也就获取了消费者消费行为的准确数据，并可以利用相关数据及分析工具对目标客户群体进行分析，更加精准地把握客户的需求。如果数据量足够多，周期足够长，商家甚至可以为每个潜在客户画出精准的"肖像"，全面、系统地刻画出客户的消费偏好和行为习惯。从某种意义上说，商家甚至可以比客户本人还要了解其消费习惯。

3. 个性化

商家对消费者精准化的分析为提供个性化服务奠定了基础。例如，移动电商平台会利用大数据来分析消费者个体及群体的消费习惯，并根据分析结果进行商品和服务推荐。这种推荐根据消费者的行为习惯可以实现"千人千面",充分体现消费者的消费个性,也在潜移默化中培养着消费者的消费习惯。当前,几乎所有的移动电商平台都有与"推荐"相关的板块,在该板块中,平台会为用户推荐部分商品和服务。

京东 App 的"推荐"界面和拼多多 App 的"推荐"界面都是个性化推荐的典型实例,如图 1-2 所示。在这两个界面中,平台为消费者推荐了许多商品,而这些商品往往是与消费者个性化的消费习惯有关的。对平台而言,这种针对消费者个性化的推荐已经成为一种资源,平台商户为获取这种推荐资源需要支付相关的费用。

图 1-2 京东 App 的"推荐"界面和拼多多 App 的"推荐"界面

(三)移动电商的营销策略

在移动互联网时代,电子商务慢慢摆脱了传统的粗放发展模式,逐渐进入了精细化发展阶段。在这种形势下,电商运营者应该怎么做,才能在激烈的竞争中脱颖而出?下面从营销策略的角度来探讨移动电商运营中经常采用的做法。

1. 口碑营销

在移动互联网时代,口碑营销主要是指网民或潜在消费者,通过移动工具将企业的商品信息或品牌信息传播开来的一种营销方式。通过口碑营销打造口碑,已经成为众多企业实现商业目标的重要手段。

在移动互联网营销中,在保证商品质量优良的基础上,产品传播内容的优劣可以直接影响口碑营销传播的效果。现在,用户对纯广告式的营销方式已经有了极高的免疫能力,移动电商企业要想达到良好的营销效果,就必须制作出新颖的口碑传播内容。

口碑是怎样传播的？这往往是用户对企业的某种信息产生了某种看法或观点，并通过移动通信工具、社交媒体工具将观点与朋友、亲人分享，等这种分享达到一定数量级的时候，就形成了口碑传播效应。

移动电商运营者要想在激烈的市场竞争中最大限度地发挥口碑营销的价值，就要学会打造口碑营销的内容。下面介绍几种打造口碑营销内容的常规方法。

（1）抓住"痛点"。移动电商运营者要想吸引消费者的注意，就需要抓住消费者的"痛点"。什么是"痛点"呢？"痛点"是指消费者在生活中碰到的各种难题，或者急需被解决的问题。移动电商运营者可以针对消费者的"痛点"进行营销，让其增强购物欲望。

（2）制造爆点。移动电商运营者要想做好移动互联网口碑营销，首先要制造一个吸引人的正能量的爆点，这样才能让更多的网民去关注、讨论和评论。这个爆点要能引起网民的兴趣，并自愿告诉身边的朋友，分享到社交工具上。这样才有可能引发口碑传播，为企业免费做宣传，甚至达到营销的最终目的。

（3）制造话题。在移动互联网口碑营销中只有爆点是不够的，口碑营销的核心在于通过话题，让用户之间相互交流，然后将企业品牌和商品宣传出去。只要话题新颖并与时代接轨，就能很容易地引发网民的热议。话题的选择首先要积极健康，这有利于企业品牌形象的塑造，如果主题不健康，虽然可能在短期内带来流量，但从长期看并不利于企业的成长；其次，话题一定要新颖，要结合热点、时事进行选择。例如，2022年"冬奥会"前后，选择与冰雪运动、著名冰雪运动员有关的话题就是很好的切入点。如果话题素材陈旧，那么一定要挖掘出新的亮点，如从历史的角度去梳理，用对比的方法制造新的话题增长点等。此外，话题要有一定的讨论空间。单向的信息传递，无法实现消费者与企业的互动，而具备一定讨论空间的话题可以互动。

（4）及时监控。移动电商运营者可以对商品相关数据进行监控，以此判断口碑营销的实际效果。例如，商家可以重点查看用户对商品和服务的评价，将好评率作为判断口碑营销效果的重要数据。

2. 视觉营销

移动电商视觉营销，顾名思义，是移动电子商务＋视觉营销的结合体，是移动电子商务企业利用视觉上的冲击，来吸引消费者的注意力。它具体是指电商企业通过视觉营销来引起消费者的共鸣，从而达到营销目的的一种营销推广手段。

移动电商视觉营销的目的是通过个性、漂亮或纯净的版面让消费者受到视觉冲击或感到舒服，将吸引人的图片与引人入胜的文案相结合，告知消费者相关的营销信息。

移动电商视觉营销的技巧如下：

（1）卖点营销文案。卖点营销文案就是利用商品的卖点来吸引消费者，让消费者看到具有卖点的图片后，找到购买这个商品的理由。

（2）痛点营销文案。移动电商运营者要抓住痛点打造视觉营销文案，就要站在消费者的角度来思考问题，罗列消费者将会面临的问题，从这些问题入手，将问题的解决方法融入文案里。这样就可以写出一个比较好的痛点营销文案。

（3）主图差异化。在移动电商视觉营销中，千万不要把自己的商品主图做成千张不变的样子，那样只会让消费者产生视觉疲劳，所以商品的图片应该尽量做到差异化。

（4）善用对比图。在移动电商运营活动中，经常通过将同类商品的图片进行比较，以突出营销目标产品在某一方面的独特优势。顾客通过对比图可以更清晰地接收"卖点"信息。

（5）善用背景图。在移动电商的主图优化中，背景图会占很重要的一部分。一些特殊的背景图有时会带来意料之外的营销效果。特殊背景图是指加一些比较有意境的，看上去高档的，甚至是古色古香的背景图片。简单来说，就是除了单色调的背景图之外，只要是能突出某种意境的图片都可以称为特殊背景图。移动电商运营者要运用背景图来突出某种意境。

（6）奇思妙想图。奇思妙想就是挖掘到商品的戏剧性特点，然后将其发挥到极致。但是需要注意，即使是奇思妙想，也不能脱离商品的主题，最好是针对消费者的心理来创作文案。

3. 体验营销

相比传统商业模式来说，如今移动电商最大的特点是通过O2O模式建立客户体验服务体系，即通过线下实体门店带给客户更多的体验，实现更密切的交流互动。

体验营销渐渐成为移动电商营销的重要趋势，很多拥有线下门店天然优势的传统企业已经意识到良好的体验带来的好处。例如，苏宁易购云店被称为"可以玩上一天的生活驿站"，将体验做到极致。

移动互联网的发展只是为电商提供了一种新的传播工具，但体验永远是一个恒定的主题。一个好的体验营销，能够为企业带来意想不到的收获。因此，线下的体验营销是商家在任何媒体时代都应该努力把握的一个方向。

4. 饥饿营销

饥饿营销属于一种常见的营销策略，但是移动电商运营者要想采用饥饿营销策略，首先还需要保证产品货真价实，并且品牌在大众当中有一定的影响力，否则目标用户不会买账。

饥饿营销实际上就是通过降低产品的供应量，烘托出供不应求的氛围，从而形成品牌效应，快速销售产品。饥饿营销运用得当可以产生良好的营销效果，这对移动电商品牌和平台的发展，以及产品销量的提升是十分有利的。

京东App中的"京东秒杀"界面，如图1-3所示。该界面中"抢"标识左边显示了商品已抢购的比例。当用户看到自己感兴趣的商品的剩余

图1-3 京东App中的"京东秒杀"界面

购买比例已经很小时，就容易产生购买的欲望。

对于移动电商运营者来说，饥饿营销主要可以起到两个作用：一是获取流量，制造短期热度。例如，在"秒杀"活动中，受价格的影响，大量用户可能会涌入产品的购买页面。二是增加用户对平台或产品的认知度。例如，随着秒杀活动的开展，一部分用户一段时间内对京东的印象加深，而京东的认知度也获得了提升。

5. 活动营销

活动营销是指整合资源策划相关的活动，从而卖出产品，提升移动电商运营者的企业和品牌形象的一种营销方式。移动电商运营者可以通过推出的营销活动，提升用户的依赖度和忠诚度，培养更多的核心用户。

活动营销是移动电商平台经常采用的营销方式之一。常见的活动营销包括抽奖营销、签到营销、红包营销、打折营销和团购营销等。例如，许多移动电商平台通常会采取"限时秒杀""限时满减"和"低价免费"等方式，以相对优惠的价格吸引用户购买商品，增加平台的流量。

拼多多 App 中的"限时秒杀"界面如图 1-4 所示。该界面中就是以相对较低的价格来销售商品的。用户在看到这些商品的价格之后，很容易被吸引。

活动营销的重点往往不在于活动这个表现形式，而在于活动中的具体内容。也就是说，移动电商运营者在做活动营销时需要选取用户感兴趣的内容，否则可能难以获得预期的营销效果。

对此，移动电商运营者需要将活动营销与用户营销进行有机结合，以活动为外衣，把用户需求作为内容进行填充。例如，当用户因商品价格较高不愿下单时，移动电商平台运营者就可以通过发放满减优惠券的方式，适度让利，以薄利获取更多的销量。

图 1-4　拼多多 App 中的"限时秒杀"界面

6. 借力营销

借力营销属于合作共赢的模式,主要是指借助外力或别人的优势资源,来实现自身的目标或者达到相关的效果。例如,移动电商运营者在宣传推广商品的过程中遇到自身无法完成的工作,但是别的运营者擅长这方面的工作,就可以通过合作达成目标。

在具体的借力营销中,移动电商运营者可以通过三个方面进行借力,相关分析如图1-5所示。

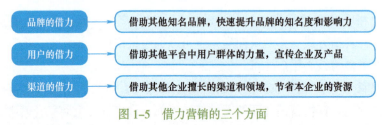

图 1-5 借力营销的三个方面

京东借力腾讯视频进行营销的相关画面如图1-6所示。京东的相关人员通过将视频上传至腾讯视频的方式,将腾讯的视频用户变为京东的宣传对象,从而提升"京东618"活动的宣传力度和扩大影响范围。

借力营销能获得怎样的效果,关键在于借力对象的影响力。所以,在采用借力营销策略时,移动电商运营者应尽可能地选择影响力大,并且有大量目标用户的平台,而不能抱着广泛撒网的方式到处去借力。

这主要有两个方面的原因。首先,移动电商运营者的时间和精力是有限的,广泛借力的方式对大多数移动电商运营者来说明显是不适用的。其次,盲目地借力,而不能将信息传递给目标用户,结果很可能是花了大量时间和精力,却无法取得预期的效果。

图 1-6 京东借力腾讯视频进行营销的相关画面

7. 用户营销

用户营销是指以用户为中心,基于用户需求进行的营销活动。相比其他营销方法,用户营销往往能更快获得成效，原因就在于它是从用户的角度出发，营销的内容用户也更容易接受。

要做好用户营销，移动电商运营者还需把握以下四个要点。

（1）多从用户角度看问题。从用户营销的概念不难看出，多从用户角度看问题是该营销方式的核心内容之一。所谓以用户为中心，就是指站在用户的角度考虑问题，将用户关心的内容融入营销中，进行精准营销。

例如，移动电商运营者可以查看用户的反馈，然后根据用户的反馈对平台进行调整，实际上就属于以用户为中心进行营销。

（2）以忠诚度培养为重点。培养用户的忠诚度既是用户营销的要点，也是用户营销的目的之一。对大多数移动电商运营者来说，之所以要营销，不仅是提升品牌认知度这么简单，还希望以此获得更多的粉丝。

这主要是因为，与普通用户相比，粉丝更愿意为品牌的发展出力。这也是有人说"拥有100个普通用户，不如拥有1个粉丝"的重要原因。当然，这种说法可能有夸大粉丝的作用之嫌，但也并非没有道理。

所以，在进行用户营销的过程中，移动电商运营者既需要以用户为中心，充分考虑用户的需求，又需要将用户忠诚度的培养作为重点。只有如此，营销才有可能更快地获得成效。

（3）营销之前先做好规划。在进行用户营销时需要充分考虑用户的需求。什么才是用户的真正需求呢？这个问题不是某个人说了算的，而是应立足于对市场的调查。因此，移动电商运营者在做用户营销之前，还需要进行必要的策划。策划的内容不仅包括对市场的调查，更包括用户营销的具体方案。

（4）对营销进行必要的分析。用户营销是一个过程，这个过程不仅包括前期策划和具体营销活动的实行，更包括活动完成后的分析。之所以说分析属于用户营销的一部分，是因为它不仅是对营销活动成效的检验，而且可以为将来的营销活动提供借鉴。

例如，移动电商运营者根据用户的需求提供了在线课程，结果销量远远低于预期。此时，移动电商运营者需要通过必要的分析寻找问题的症结，是在线课程的价格定得太高，课程内容没达到用户的要求，还是其他原因，并据此制定相应的对策，避免再出现同样的问题。

用户营销虽然强调的是通过满足用户需求，获得更多高忠诚度的用户。但是，作为一种营销方式，它仍需要考虑成本与成效之间的关系。如果付出了较多成本，却无法获得应有的成效，那么营销便是失败的。

因此，用户营销并不是一味地损害移动电商运营者的利益博取用户的信任，而是通过有限的代价，实现移动电商运营者与用户的"双赢"。

（四）移动电商的运用领域

移动电商是时下热门的一种商务形式，其运用领域也非常广。

1. 商品销售领域

商品销售领域是移动电商运用得最广泛的领域之一，大部分移动电商平台都提供了商品销售服务。手机淘宝 App 和京东 App 的相关界面如图 1-7 所示，可以看出，这两个 App 中便为用户提供了商品销售服务。

图 1-7 手机淘宝 App 和京东 App 的相关界面

2. 金融交易领域

部分移动电商平台为用户提供了金融交易服务，用户可以在这些平台上查看金融产品的相关信息，还可以对金融产品进行交易。支付宝 App 和蚂蚁财富 App 的相关界面如图 1-8 所示，可以看出，这两个 App 便为用户提供了多种类型的金融产品。

图 1-8 支付宝 App 和蚂蚁财富 App 的相关界面

3. 中介服务领域

部分移动电商平台立足于提供中介服务，为买家和卖家提供交易渠道。贝壳找房 App

和安居客 App 的相关界面如图 1-9 所示，可以看出，这两个 App 便为各类房屋的交易提供了渠道。

图 1-9　贝壳找房 App 和安居客 App 的相关界面

4. 生活服务领域

随着生活水平的提高和消费观念的改变，许多人想获得更高的生活质量，于是许多生活服务类移动电商平台应运而生。天鹅到家 App 和到位 App 的相关界面如图 1-10 所示，可以看出，这两个 App 便为用户提供了多种生活服务。

图 1-10　天鹅到家 App 和到位 App 的相关界面

5. 教育领域

为了满足人们的学习教育需求，许多教师在教育类移动电商平台上开设了自己的课程。猿辅导 App 和腾讯课堂 App 的相关界面如图 1-11 所示，可以看出，这两个 App 为用户提供了一些课程。

图 1-11　猿辅导 App 和腾讯课堂 App 的相关界面

三、任务实施

任务目标

通过本任务实训，让学生熟练掌握移动电商的营销策略，根据移动电商平台的营销活动判断其运用的具体营销策略。

实训任务

从常用的移动电商平台中寻找几个营销活动，并根据活动内容，判断该活动运用的营销策略。

实施步骤

第一步，根据自身情况，选择几个常用的手机 App，如淘宝、京东、拼多多、美团和饿了么。

第二步，判断这几个手机 App 的所属领域。例如，淘宝属于商品销售领域，饿了么属于生活服务领域。

第三步，进入这些 App 的首页，寻找大型的营销活动。例如，进入京东 App 的首页，即可看到菜单栏下方的活动展示窗口，如图 1-12 所示。

图 1-12　京东 App 中的活动展示窗口

第四步，查看这些大型活动的具体营销内容。例如，点击图 1-12 中的活动展示窗口，即可查看对应营销活动的详情，如图 1-13 所示。

图 1-13　营销活动的详情

第五步，根据文中介绍的营销策略种类，判断本次实训任务中包含的营销策略。

第六步，制作一张营销信息统计表，依次填写 App 名称、App 所属领域、营销活动名称、营销活动内容，以及运用的营销策略等信息，见表 1-1。

表 1-1　营销信息统计表

App 名称	App 所属领域	营销活动名称	营销活动内容	运用的营销策略
淘宝				
京东				
拼多多				
美团				
饿了么				

第七步，根据表 1-1，总结相关营销策略的应用方法，积累营销经验。

四、知识巩固

1. 线下实体店入驻相应平台后也可以开展移动电商业务。（判断题）　　　　（　　）

　　A．对　　　　　　　B．错

2. 用户在家里也可以直接通过移动互联网平台购买自己需要的商品和服务。（判断题）

　　　　　　　　　　　　　　　　　　　　　　　　　　　　　　　　　（　　）

　　A．对　　　　　　　B．错

3. 移动电商主要有哪些特点？（多选题） （   ）
   A. 移动性　　　B. 精准性　　　C. 运送慢　　　D. 个性化
4. 移动电商的常见营销策略包括哪些？（多选题） （   ）
   A. 口碑营销　　B. 视觉营销　　C. 线下直销　　D. 体验营销
5. 以下领域中，哪些是移动电商的常见运用领域？（多选题） （   ）
   A. 商品销售领域　　　　　　　B. 生活服务领域
   C. 中介服务领域　　　　　　　D. 金融交易领域

五、课外训练

根据课堂所学知识，对几个常见移动电商平台所属的领域和常用的营销策略进行归类，并制作常见移动电商平台的领域和营销策略表格，见表1–2。

表1-2　常见移动电商平台的领域和营销策略

移动电商平台	所属领域	常用的营销策略
淘宝		
支付宝		
美团外卖		
链家		
闲鱼		
58同城		
学而思网校		

任务二　把握移动电商的发展历程

任何事情都不是一蹴而就的，移动电商的发展也是如此。从手机淘宝出现（中国移动电商出现的标志）至今，移动电商获得了快速的发展。

那么，移动电商为什么会获得发展呢？其发展历程又是怎样的呢？本任务中，笔者重点回答这些问题。

学习目标：

◎ 了解移动电商发展的原因
◎ 熟悉移动电商技术的发展历程
◎ 知道我国电商业务的发展阶段

一、任务描述

案例描述

王先生是一家小饭店的老板，在经营饭店的10多年间，他见证了人们消费习惯的变化。

王先生刚开饭店的时候（2010年），大多数人会到饭店里点单，吃完之后会用现金结账。几年之后，很多到饭店吃饭的人不带现金了，这些人开始通过扫码进行线上支付。又过了几年，越来越多的人开始通过点餐App下单，到饭店吃饭的人明显变少了。

王先生笑着说："做生意就应该顺应时代潮流，如今越来越多的人通过移动电商平台购物，做移动电商对餐饮人来说可能是一条新出路。这不，我在经营线下实体店的同时，还入驻了几个外卖平台。虽然比起前几年更累一些，但是赚得也更多了。"

问题分析：

上述案例中的线上支付技术是第几代移动电商技术？外卖平台是从移动电商的哪个发展时期兴起的？

二、知识准备

移动电商不是一日之间发展起来的，它获得发展的原因有哪些呢？在移动电商发展的过程中，哪些技术起到了推动作用？电商业务的发展经历了哪些阶段呢？

（一）移动电商发展的原因

毫无疑问，如今移动电商得到了快速发展，越来越多的人开始办理移动电商的相关业务。为什么移动电商可以获得快速的发展呢？

> 移动电商的发展历程与趋势

1. 网购用户爆发式增长

随着移动互联网的发展和智能手机、平板电脑等智能移动终端持有量的不断增长，越来越多的人开始选择通过网络进行购物。2015—2022年我国网络购物用户规模及使用率情况，如图1-14所示。2015年12月中国网络购物用户为41 325万人，至2022年12月我国网络购物用户增长到84 529万人。

图1-14 2015—2022年我国网络购物用户规模及使用率情况

2. 手机网购用户规模大增

近年来手机网购用户规模不断增长，越来越多的人开始通过手机进行网购。2015—2020年我国手机网络购物用户规模及使用率情况，如图1-15所示。2015年12月我国手机网络购物用户规模为33 967万人，至2020年3月手机网络购物用户规模则达到了70 749万人。

手机网购用户的增长,无疑对移动电商的发展起到了巨大的推动作用。

图1-15　2015—2020年我国手机网络购物用户规模及使用率情况

3. 移动支付成为最具潜力的支付方式

对移动电商运营者来说,移动支付是一种比传统支付方式更方便的交易模式。如果将移动支付比作人们口袋里的钱,那么智能手机就相当于钱包,因为智能手机可以让人们享受各种支付方式所带来的便利,以及因此而衍生的积分、奖励等服务,就像现实中口袋里的钱包一样,将人们的现金和银行卡装进其中,并用以完成各种支付。

智能手机的兴起带动了移动互联网的发展,而众多的电商企业也从中发现了新的商机,开发出了移动电商业务。随着移动电商发展的深入,各项技术也在此过程中得到了支持和发展,为了适应这种改变,移动支付产生了多种支付类型。下面主要介绍三种移动支付的类型,如图1-16所示。

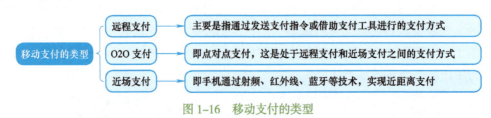

图1-16　移动支付的类型

4. PC电商逐渐被移动电商取代

传统电商行业最主要的载体是PC端,但随着移动端的崛起,PC电商渐渐被移动电商取代,这是为什么呢?

PC电商被移动电商超越的最主要原因是移动电商行业更为便利,它能够满足大部分用户消费需求的改变,还能够为用户提供更完善的推送和服务,因此越来越多的用户开始通过移动电商平台进行购物。另外,PC电商的应用场景相对单一,电商的发挥余地有限,而移动设备携带方便,所以移动电商的发挥空间更大。

移动电商技术的发展历程

(二)移动电商技术的发展历程

在移动电商技术的发展过程中,出现了四代移动电商技术。

1. 第一代移动电商技术

第一代移动电商技术主要是基于短信的基础访问技术,运用该技术的移动设备实时性差、可视化功能差。例如，一些老年机运用的便是第一代移动电商技术，这些老年机的屏幕相对较小，更多的是提供通话、短信等基础功能。

2. 第二代移动电商技术

第二代移动电商技术主要是基于 WAP（Wireless Application Protocol，无线应用协议）发展起来的技术。运用该技术的移动设备具有一定的时效性和可视性，但是交互性比较差，有时候甚至会出现一些安全问题。用户可以使用支持该技术的手机访问网页，甚至可以通过网页购买商品和服务。例如，早期的淘宝网便是在第二代移动电商技术之下发展起来的。

3. 第三代移动电商技术

第三代移动电商技术主要包括 3G 和 4G 移动技术、智能移动终端技术、数据库同步技术、信息处理技术等，同时以专网和无线通信技术为依托，极大地提高了系统的安全性和交互能力。

4. 第四代移动电商技术

第四代移动电商技术主要包括 5G 技术、大数据技术、AI 技术、物联网技术等，目前这些技术还处于不断发展中。随着这些技术的发展，移动电商也将呈现出更多的活力。

（三）我国电商行业的发展阶段

要分析移动电商的发展，就要把握好传统电商行业的发展情况。我国电商业务从诞生之日至今，大致经历了四个发展阶段。下面具体分析我国电商行业的这四个发展阶段，让大家更好地看清国内电商的发展历程。

1. 萌芽期

1997—1999 年是我国电商发展的萌芽期，此时计算机还没有普及，很多人不知道什么是电商，只有一小部分人接触了电商。易趣网就是在这段时间出现在人们的视野的。

2. 初步发展期

2000—2007 年，我国相继出现了一些电商平台，如淘宝、京东等。在这个阶段，许多人开始尝试通过电商平台进行购物，甚至有一部分人将网购作为主要的购物方式。

3. 蓬勃发展期

2008—2014 年，在淘宝和京东等平台的影响下，许多企业开始做起了电商平台。这些企业开始带着自身的优势进入电商细分领域，大量的垂直电商平台随之出现。例如，苏宁易购、唯品会等电商平台就是该时期出现的。除此之外，还有一些企业在该时间段内开始了移动电商平台的运营。

移动电子商务业务的蓬勃发展

4. 重心转移期

2015 年至今，电商的重心开始发生了转移。随着移动网络和智能手机的发展，越来越多的人开始通过移动端进行购物。2015 年，我国网购交易额中移动端的占比开始超过 PC 端，越来越多的电商企业也将重点放到了移动电商的发展上。从当前京东、天猫等电商平台来看，移动端成交额已经超过 80%，拼多多、抖音等后起之秀从一开始就是在移动端引流。移动电子商务当前已经成为我国 B2C、C2C 电商模式的主流。

三、任务实施

任务目标

通过本任务实训，让学生对移动电商的发展历程有更好的认知，了解常见移动电商平台的发展情况。

实训任务

分析在常见移动电商平台出现时，我国电商行业所处的发展阶段，以及对应移动电商平台的发展情况。

实施步骤

第一步，确定分析对象，即要分析的移动电商平台，如淘宝、京东、抖音、美团和支付宝。

第二步，通过查询资料，了解该移动电商平台出现的具体时间。

第三步，根据该移动电商平台出现的时间，判断其出现时间所处的电商发展阶段。

第四步，查找资料，了解这几个移动电商平台的发展原因、用户规模以及运用的电商技术。

第五步，制作一张移动电商平台信息分析表格，依次填写出现时间、发展原因、用户规模和运用的电商技术等信息，见表1-3。

表1-3 移动电商平台信息分析

移动电商平台	出现时间	发展原因	用户规模	运用的电商技术
淘宝				
京东				
抖音				
美团				

四、知识巩固

1. PC电商逐渐呈现出被移动电商取代的趋势。（判断题） （   ）

    A. 对　　　　　　　　B. 错

2. 以下哪项技术没有在第三代移动电商技术中得到运用？（单选题） （   ）

    A. 3G技术　　　　　　　　B. 4G技术

    C. 5G技术　　　　　　　　D. 智能移动终端技术

3. 第四代移动电商技术主要运用了以下哪些技术？（多选题） （   ）

    A. 5G技术　　　　　　　　B. 大数据技术

    C. AI技术　　　　　　　　D. 物联网技术

4. 本任务中介绍了几代移动电商技术？（单选题） （   ）

    A. 两代　　　　　　　　B. 三代

    C. 四代　　　　　　　　D. 五代

5. 哪一年我国移动端网购交易额占比超过了 PC 端？（单选题） （　　）
   A．2014 年　　　　　　　　　　　　B．2015 年
   C．2016 年　　　　　　　　　　　　D．2017 年
6. 我国电商业务的发展主要经历了几个阶段？（单选题） （　　）
   A．2　　　　B．3　　　　C．4　　　　D．5

五、课外训练

查找以下几个具有代表性的移动电商平台的出现时间，判断其出现时电商行业所处的发展阶段，并制作部分移动电商平台出现时电商行业所处的发展阶段表格，见表1-4。

表1-4　部分移动电商平台出现时电商行业所处的发展阶段

移动电商平台	平台出现时电商行业所处的发展阶段
天猫	
拼多多	
饿了么	
唯品会	
蘑菇街	
苏宁易购	

项目二
体验移动电商商业模式

导　读

坚实的底层逻辑才能支撑持续的移动电商模式创新

　　2022年，腾讯宣布关闭了旗下的一个购物程序"小鹅拼拼"。每个做电商的人都知道，电商的命门是"流量"，流量与交易额之间存在一个简单的关系：流量×转化率＝商品交易额（GMV）。"小鹅拼拼"天然就不会缺少流量，是什么原因导致了这个对标"拼多多"的购物程序惨淡收场呢？我们首先来看看模式是不是有什么问题。

　　从进入市场开始，小鹅拼拼几乎全盘复制拼多多的拼团模式，此后又瞄准微信群的私域流量，推出了"群小店"，一个微信群的群友一起买，可以购物返红包；2021年5月，小鹅拼拼又推出了"种草号"功能，尝试种草带货模式。总之，小鹅拼拼把拼团、私域流量、种草等电商模式全部尝试了一遍，投入巨大，早期的补贴额度甚至超过了商品本身的价格，在资本上有坚强后盾，在流量上占尽了先机。显而易见，"小鹅拼拼"失败的原因绝不是电商表面的逻辑"流量"，那么原因到底是什么呢？答案是"供应链"。平台对供应链体系的把控、对商家和品牌的运营规则、对物流仓库体系的建设等，这些才是做电商的底层逻辑。腾讯只有前端的流量，却不重视后端的供应链建设，这是做电商的致命缺陷。

　　从"小鹅拼拼"下架的案例可以看出，移动电商模式创新不是简单的模仿，在形式创新的表象之下，是更加深厚的底层逻辑支撑。

任务一 体验O2O运营模式

随着移动互联网的普及和用户网络使用程度的加深,人们的消费观念和消费方式发生了变化,网络购物已经不再局限于实物交易,服务类电商陆续出现,一种新型的商业模式——O2O已快速在市场上发展起来。

学习目标:
- 知道O2O商业模式的概念和适合的行业
- 区分不同的O2O商业模式
- 能够根据O2O类型进行产品设计

一、任务描述

案例描述

案例1:"一个煎饼果子大妈的故事"

在某高校门口,一位阿姨每天在那里卖煎饼果子。一到饭点的时候,她的手机QQ就响个不停。原来她建了一个QQ群,加了很多在校学生。每天到饭点时,学生纷纷在群里留言,向她下单。阿姨记下QQ名,提前做好煎饼并贴上标签,学生们下课后可以直接交钱取货。

案例2:"一个通过微信实现O2O的故事"

同样是在高校附近,每天都会有一个人推着手推车定点叫卖,不过他卖的不是煎饼果子,而是去掉了"煎"和"果子"的饼,和案例1中的阿姨单独行动不同,这是一个有组织、有谋略的团队。

他们其中一个人守着推车,遇到买饼的人就让对方加自己的微信,只要加了微信就便宜1元钱,同时告诉顾客用微信可以订饼,同时免费配送;另外一个人专门上网处理微信订单;还有一个人专门负责送货。这个团队很快月入就超过了3万元,甚至想找加盟商了。

问题分析:

上面两个案例提到的经营/营销方式应用了什么工具?它们有哪些异同点?如何利用O2O的不同商业模式进行产品设计?

二、知识准备

O2O模式是移动电商运营过程中常用的模式之一,商家可以借助该模式打通线上与线下营销渠道,更好地实现变现。

(一)什么是O2O

O2O即Online to Offline,是指将线下的商务机会与互联网结合,让互联网成为线下交易的平台。其核心是将平台支付与线下体验相结合,以期实现传统经济与电商的协调发展。通俗点说,就是在互联网上寻找客户,进而通过网络订单将客户引流至实体店进行体验,而后再通过网络平台进行结算及反馈。

例如,很多人有过在线上团购电影票,或者团购餐饮消费券的经历,这种形式就是一种 O2O 的初级形态。它的实质是消费者通过线上团购网站成交，然后再到线下实体店去消费体验，如图 2-1 所示。

O2O 的概念由 TrialPay 的 CEO 及创始人亚历克斯·兰佩尔（Alex Rampell）于 2011 年 8 月提出。兰佩尔在 2016 年创办了 TrialPay。他通过在 TrialPay 中免费提供虚拟产品，引导用户前往 Gap、Netflix 等网络购物网站来获得佣金。凭借这一模式，TrialPay 得到迅速发展。最初的 O2O 概念很简单，其实质是将线下商户的发现、在线支付、营销效果的监测与互联网结合在一起。

图 2-1　O2O 模式下的消费体验

目前，O2O 的已经不再是兰佩尔的原始定义，"线下—线上"（Offline to Online）、"线下—线上—线下"（Offline to Online to Offline）、"线上—线下—线上"（Online to Offline to Online）等也成为 O2O 的一部分。随着移动互联网的发展，越来越多的人开始借助互联网进行生活消费。在这种情况下，O2O 将改变人们的消费行为，让人们从"为产品而消费"变为"为生活而消费"。

现阶段对于 O2O 的应用，可以从以下三个层面理解。

（1）O2O 最初级的应用是一种卖东西的方式，如我们经常提到的团购。

（2）深一点的应用是一种推广引流手段，即通过 O2O 进行营销推广，如线下商家在网络上发放实体店的代金券、打折卡，然后吸引用户到店消费。

（3）如果围绕 O2O 深度策划出一种新的商业表现形式，那它就是商业模式。例如，某品牌下的家居网，将线上与线下深度融合，创造出了一种全新的商业模式，甚至这种模式颠覆了传统家具行业的销售模式。

（二）O2O 的商业模式——企业角度

O2O 模式是个总称，当其与具体的行业或领域结合后，会衍生出许多不同的表现形式和操作方法。具体而言，O2O 可分为四种不同的模式，即 Offline to Online、Online to Offline、Online to Offline to Online 和 Offline to Online to Offline。

O2O 的商业模式——企业角度

1. Offline to Online

Offline to Online，即线下到线上。以前很多人会利用互联网将线上的流量引导到线下，而将线下的流量引导到线上却找不到什么好的方法。二维码的出现为线下引流至线上提供了载体，商家可以将二维码展示出来，让顾客通过扫码进入线上的商城。因此，现在很多地推广告中都会展示相关的二维码，让线下的顾客通过扫码享受线上的移动电商服务。

从线下到线上模式，简单来说，就是先在线下建立一个平台，然后借助这个平台进行线上营销，让线下用户体验到良好服务的同时，将线下的流量引导至线上平台，从而有效地提高线上平台的销量。

在这种模式中，移动电商企业需要建立两种平台，即线下平台（如实体店）和线上平台（如移动电商平台），也就是先开实体店，再建立移动电商平台，然后在线上与线下同步运营，并将实体店作为移动电商平台的宣传平台。在现实中，运用这种 O2O 模式的移动电商平台有很多,其中比较有代表性的就是苏宁云商的 O2O 平台生态系统,如图 2-2 所示。

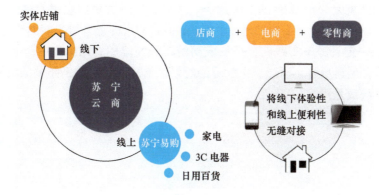

图 2-2　苏宁云商的 O2O 平台生态系统

2. Online to Offline

Online to Offline,即线上到线下,这是 O2O 最初的定义,也是最常见的一种模式。从线上到线下模式,简单来说,就是先在线上建立一个平台,然后借助这个平台对线下实体店中的产品进行推广营销,让更多线上用户知道线下实体店的存在,并愿意去线下实体店消费。

这种模式在 O2O 领域应用得较为广泛,无论是旅游、房产、票务领域,还是餐饮、珠宝等领域,都有它的影子,其中的典型代表包括美团、携程网等。

3. Online to Offline to Online

Online to Offline to Online,即线上到线下再到线上。目前,尽管这种模式已经做成的并不多,但是对一些行业而言,此模式绝对大有可为。例如,一些服装品牌的网络旗舰店很好地迎合了当下年轻人的购物习惯。在线看好某件或某个品牌后,到线下专卖店试穿体验,若满意再到线上购买成交。当然,这种现象是服装厂商不愿意看到的,但它确实存在。

线上到线下再到线上模式,简单来说,就是先在线上建立一个平台,然后通过线上营销将流量引导至线下实体店,再让线下用户到线上进行交易。应用这种模式的移动电商企业也比较多,如京东商城应用的就是这种 O2O 模式。

4. Offline to Online to Offline

Offline to Online to Offline,即线下到线上再到线下。发传单是一种典型的传统营销方式,但是效果越来越差。有一种现象:促销人员在发传单,行人接到手,看完后就随手扔到了垃圾桶。行人看完传单能不能到店消费很难说,甚至都不一定能记住商家。

线下到线上再到线下模式能在一定程度上解决这个问题。事实上,一些企业早已开始进行这方面的尝试。例如,某在线旅游网,在一些机场、高铁站,时常派一些工作人员,拿着网络终端设备,面对面邀请旅客注册,现场教用户如何使用。用户注册成功后,便可以直接在旅游网上订酒店,再到店消费。

线下到线上再到线下模式,简单来说,就是先在线下建立营销平台,然后将线下流量引导至线上的第三方平台,或者通过第三方平台完成交易,再让用户在线下享受相关的服务。

这种模式中选择的第三方平台通常都是具有一定知名度和影响力的社会化平台,并且移动电商运营者可以同时借助多个第三方平台进行营销,吸引更多线上的流量,更好地实现自身的商业目标。目前,很多餐饮、美容、娱乐等本地生活服务类移动电商企业应用的就是这种运营模式，棒约翰就是如此，如图 2-3 所示。

以上四种模式就是目前 O2O 的四种形态，不过，后两者目前应用的案例还不多，更多的还是在尝试阶段。但不管什么样的理论、模式，最终的目的都是帮我们创造更美好的生活。

好的理论也一定是源于实践的，是从成功的实践经验中总结出来的，然后再去指导实践，让实践工作开展得更好。所以，在学习的时候，要放开思路，不要被条条框框所束缚，不要一味地套系统或是模式。

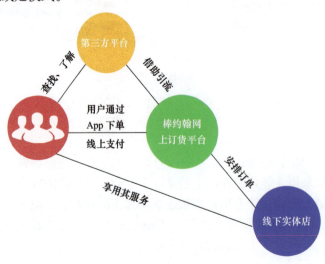

图 2-3　棒约翰的经营模式

（三）O2O 的商业模式——用户需求角度

从用户需求的角度出发，我们可以进一步将 O2O 模式分解为导流类 O2O 模式、体验类 O2O 模式和整合类 O2O 模式。

1. 导流类 O2O 模式

导流类 O2O 模式是当前的一种主流模式。这种模式以线下实体店为核心，借助 O2O 的形式将流量引导至线下实体店，从而促进线下实体店的销售。这种模式的关键就是引导更多新用户去线下实体店消费，因此部分移动电商企业为了达到这个目的，会建立线上与线下互动互通的会员机制。

商家利用这种 O2O 模式要把握好两个要点。一是要利用导航来导流。导航类 App 可以利用其在 O2O 和 LBS（Location Based Services，基于位置服务）方面的优势，提供地图服务和导航服务，进一步扩展到餐饮、景点、超市、酒店和商场的预订服务，并专门开发独立的手机软件满足用户需求，形成商家引流的方式。

例如，高德地图在用户、流量和渠道方面的优势明显。用户可以通过高德地图进行景点预订、机票预订、美食查找等。通过手机上的高德地图导航，用户可以就近找到品牌门店体验，再回到网上完成下单支付。

二是要利用手机软件入口来导流。商家可以在门店中放置手机软件的标志，鼓励用户关注和登录。手机软件上也要有具体门店的优惠信息和优惠券，拉动用户到店消费。该模式适合品牌号召力较强，并且以门店体验和服务拉动为主的品牌。

例如，某服装品牌的 O2O 引流是以强化线下体验式终端为基础，通过线上互动式营销及手机软件为线下导流,并注重线下向线上回流,从而形成良性循环。该服装品牌 App 可以查找最近门店信息、电话号码、营业时间及在售产品等实时信息。用户可以在手机软件上直接下单。此外,通过手机软件还可以了解签到的用户在哪儿,为线下实体店提供位置指导。该品牌也积极强化线下门店的体验感受,并以促销或优惠券的形式向用户推荐手机软件(扫二维码有折扣优惠,而所有产品的二维码只能用其 App 才能扫描),实现线下向线上回流。

2. 体验类 O2O 模式

体验类 O2O 模式的核心是为用户提供优质的服务体验和便利的生活方式。该模式是指网上寻找消费品,然后到实体店中体验和消费。

这种模式对用户的价值体现在产品体验和生活服务上,对企业的价值则体现在可以延长与用户的接触时间,利于提升消费转化率。例如,柯兰钻石是钻石行业中最早采用"鼠标+水泥"营销模式的品牌。该品牌 2004 年开始采用网上销售与线下体验店相结合的营销模式,体验店开张当月商品的销量就增加了 5 倍。

3. 整合类 O2O 模式

整合类 O2O 模式的核心是全渠道的业务整合。这种模式有两种运营模式。一种是先线上后线下,就是企业先搭建一个线上平台,以平台为依托,将线下引导至线上,在线上进行营销和交易,同时让用户到线下享受相应的服务体验。

另一种是先线下后线上,就是企业先搭建线下平台,以平台为依托进行线下营销,让用户享受相应的服务,同时将线下流量导入线上平台,在线上进行交易,从而形成线上与线下互动的闭环。

三、任务实施

任务目标

通过本任务实训,让学生学会利用 O2O 商业模式进行产品设计。

实训任务

通过在移动电商平台中体验购物的整个过程,找到以下问题的答案,并对购物过程中的相关环节进行评分。

(1)用户如何在线上购买产品?
(2)用户如何查看订单情况?
(3)用户如何在线下获得购买的产品?

实施步骤

第一步,确定购买产品的平台以及要购买的产品。这里以在拼多多平台的"多多买菜"板块购买水果为例进行说明。

第二步,进入对应平台,将需要购买的产品加入购物车。例如,在拼多多平台的"多多买菜"板块中,可以点击水果所在区域的"加入购物车"按钮,将对应的水果加入拼多多的购物车,如图 2-4 所示。执行操作后,"加入购物车"按钮所在的位置会出现数字 1,就说明将一份水果加入了购物车，如图2-5所示。

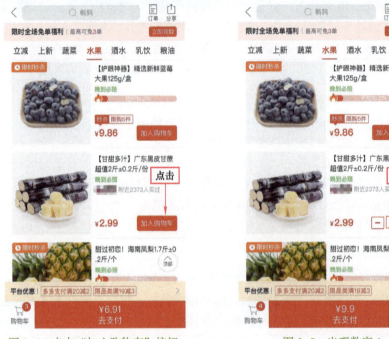

图2-4　点击"加入购物车"按钮　　　图2-5　出现数字1

第三步，支付相应的金额，下单购买需要的产品。例如，在拼多多平台的"多多买菜"板块中，可以点击"去支付"按钮，如图2-6所示。进入"确认订单"界面，点击"立即支付"按钮，如图2-7所示。进入"支付"界面，点击"立即支付"按钮，如图2-8所示。在弹出的"请输入支付密码"提示框中，输入支付密码，如图2-9所示。

图2-6　点击"去支付"按钮　　　　图2-7　点击"立即支付"按钮

图 2-8　点击"立即支付"按钮　　图 2-9　输入支付密码

第四步，查看订单信息，了解收货时间。在拼多多平台中，可以进入"个人中心"界面，点击"待收货"按钮，如图 2-10 所示。执行操作后，即可在"我的订单"界面中，查看待提货的时间，如图 2-11 所示。

图 2-10　点击"待收货"按钮　　图 2-11　查看待提货时间

第五步，购买的产品被运送到快递自提点之后，手机上会收到一条提货短信，如图 2-12 所示。点击短信中的链接，进入"提货通知"界面，查看提货信息，如图 2-13 所示。

图 2-12 收到提货短信

图 2-13 "提货通知"界面

第六步,前往对应的快递自提点,将电话号码告知快递自提点的工作人员,提取购买的产品。

第七步,制作购物体验分析表格,并从产品价格、购买便利性、运输时间、取货便利性等角度,对此次购物进行评分(每一项的总分为100分),见表2-1。

表2-1 购物体验表

项 目	产品价格	购买便利性	运输时间	取货便利性
分数				

四、知识巩固

1. B2C、C2C 是在线支付,购买的商品通过物流公司送到你手中。O2O 是在线支付,购买线下的商品、服务,再到线下去享受服务。(判断题) ( )

    A. 对   B. 错

2. 导流类 O2O 模式是当前的一种主流模式,这种模式以线下实体店为核心,借助 O2O 的形式将流量引导至线下实体店,从而促进线下实体店的销售。(判断题) ( )

    A. 对   B. 错

3. O2O 模式的优势有哪些?(多选题) ( )

    A. 对实体店来说,可以增加竞争力

    B. 对用户来说,体验更加丰富

    C. 对 O2O 经营者来说,能够带来更多盈利

    D. 对 O2O 网站来说,能够带来更多的流量

4. 以下哪个电子商务企业是 O2O 类型的电子商务企业?(单选题) ( )

    A. 淘宝网   B. 乐蜂网   C. 美团外卖网   D. 当当网

5. 苏宁的 O2O 模式是以互联网零售为主体的"一体两翼"互联网转型路径。苏宁利用自己的线下门店及线上平台，实现了全产品、全渠道的线上与线下同价，打破了实体零售在转型发展中与自身电商渠道左右互搏的现状。请问，苏宁这种 O2O 模式接近于（　　）。（单选题）

　　A．先线上后线下模式　　　　　　B．先线下后线上模式
　　C．先线上后线下再线上模式　　　D．先线下后线上再线下模式

6. 在（　　）召开的十二届全国人大三次会议上，政府工作报告中首次提出"互联网+"行动计划。（单选题）

　　A．2015 年 3 月 5 日　　　　　　B．2015 年 3 月 15 日
　　C．2015 年 6 月 27 日　　　　　　D．2015 年 3 月 31 日

五、课外训练

从用户需求的角度，体验三类 O2O 模式的购物过程，并制作一张表格，在表格中简单填写购物的过程，对相关模式的购物体验进行评分，见表 2-2。

表 2-2　O2O 商业模式体验评分

O2O 商业模式	购物过程	购物体验评分
导流类 O2O 模式		
体验类 O2O 模式		
整合类 O2O 模式		

任务二　体验社交类电商运营模式

很多传统企业为了打破流量瓶颈，纷纷转战移动互联网的社交流量，但具体要怎么做呢？首先企业必须学会利用各种社交电商工具，将消费者转化为用户。

此时，用户不仅是消费者，而且是品牌与产品的传播者和捍卫者，是品牌的超级顾客。随着流量成本的不断增长，基于社交流量的移动电商运营模式可能是一个新的盈利机会。

学习目标：
◎ 了解社交电商模式的概念和适合的行业
◎ 区分不同的社交电商模式
◎ 能够根据社交电商类型进行产品设计

一、任务描述

案例描述

老李住的小区门口新开了一家特色煲仔饭店铺，老板是他的一个远房亲戚。这个煲仔饭店铺的装修比较美观，而且饭的味道比较好，价格也很便宜，所以每天来吃饭的顾客络绎不绝。

一天，老板在和老李闲聊时，问道："李哥，我准备扩大店铺规模，做一个合伙人计划，给更多顾客带来更实惠的好餐品，不知道你有没有兴趣合作呀？"

老李说："听着还不错，具体怎么合作呢？"

老板说："合作方式是这样的，你既然喜欢吃我们家的煲仔饭，我现在就正式邀请你成为这家特色煲仔饭店铺的合伙人。过去你过来吃饭都是没有折扣的，现在你是我的合伙人了，每次过来吃饭我都给你打七五折。你可以推荐其他人过来吃饭，只要有人过来吃饭时报你的名字，我就给你10%的提成，他们再推荐其他朋友过来吃饭，我再给你5%的提成。"

老李立马说道："好啊！这么好的事情当然可以合作。"

于是，后面老李继续每天都去吃煲仔饭，并且积极向身边的朋友分享和推荐这家店铺，来吃煲仔饭的朋友也越来越多了。

到了月底，老板跟老李说："与你合作真是正确的选择，这个月的生意增加了很多，这是你这个月的全部提成5 000元。"

接下来的每个月，老李都从煲仔饭店铺获得了几千元的收入；而煲仔饭店铺则通过干净的食材、用心的经营和实惠的价格赢得了人心，获得了更多收益！

问题分析：

上面这个案例提到的合伙人方式应用了什么商业模式？这种模式有哪些特点？如何利用社交电商的不同商业模式进行电商产品的设计？

二、知识准备

如今，大部分消费者已经形成了网购习惯，这也导致传统电商遭遇流量天花板，流量红利已经荡然无存，顾客增速大幅放缓，甚至一些平台出现负增长的情况。

不管是淘宝电商，还是自媒体"网红"，更不用说大量的传统企业，大家都越来越感觉到流量红利殆尽。面对用户增长疲软的困境，大部分人面临以下四大难题。

（1）获客难。同类竞争加剧，新的流量入口难以开发，流量成本越来越高。

（2）留客难。碎片化的用户使用场景，导致用户的注意力被极度分散，难以形成归属感，用户黏性非常低。

（3）拉新难。各种宣传方式都使用得炉火纯青，但就是带不来属于自身品牌的新顾客。

（4）盈利难。动辄几千万元甚至几亿元的广告费用，再加上为了引流而进行的长期补贴，亏损成为必然。

很多顾客对各种营销方式都已经产生了"免疫力"，甚至对商家的营销行为产生厌恶情绪。在这种情况下，流量成本可想而知是相当高的，因此很多电商企业和商家遭遇了流量瓶颈。

商家该如何克服这些流量瓶颈带来的难题？答案就是做社交电商，通过微信公众号、朋友圈、小程序、微博及抖音等渠道，打造自己的专属私域流量池，把核心顾客圈起来，让彼此的关系更加持久。

基于社交流量的"私域电商"与圈层社交和会员制一道，成为2019年的三大商业创新模式。当时大量商家纷纷转战社交流量，将公众号、朋友圈作为新的产品展示和销售渠道，通过这种社交裂变扩散，快速开拓市场。

其实，很多淘宝商家早就开始做社交流量了，如有的商家会在快递包裹中放上一张带有公众号或个人号二维码的卡片，将买家吸引到微信上，这就是一种私域流量的转化。

通过这种简单的引流方式，商家不仅可以将消费者变成自己的微信好友，而且可以借助微信实现流量裂变，摆脱对电商平台的流量制约，打造属于自己的私域流量池，带来更长久的生意。

对任何生意来说，顾客都是最重要的因素之一，如果你拥有成千上万的专属顾客，那么不管做任何生意，都会更容易取得成功。因此，不管是企业还是个人创业者，不管是传统行业还是新媒体行业，都需要打造自己的专属私域流量池，获取更多忠实顾客。

社交电商是在传统电商的基础上衍生出来的一种新电商模式，它比传统电商增加了更多社交化元素和互动形式，流量来源更依赖各种社交应用，包括微博、微信、抖音等。顾客可以在其中自主生产内容和分享商品，从而辅助商品实现曝光展现和交易行为。

对商家来说，社交电商主要是指运用各种社交工具、社会化媒体和新媒体平台，来达到商品的销售和推广等目的。另外，在这个过程中，商家还会聚集更多的用户，同时这些用户进行宣传，给商家带来更多的用户。总的来说，社交电商有三大核心特征，如图2-14所示。

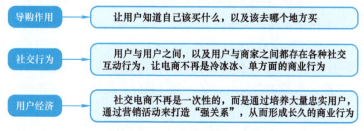

图2-14 社交电商的核心特征

社交电商是指"社交元素＋电子商务"，其中社交元素包括关注、分享、交流、评论及互动等行为。商家将这些行为应用到电商中，可以实现流量的快速裂变。

本任务中将选取一些典型的社交电商代表，对其商业模式进行分析，帮助大家彻底看懂和轻松玩转社交类运营模式。

（一）拼团模式：拼多多

拼多多是一个采用C2B（Customer to Business，消费者到企业）拼团模式的社交电商平台。顾客通过和朋友、家人或者邻居等人发起拼团，用更低的价格购买到优质的商品。

拼多多的核心在"拼"，当然要"拼"成功就需要找人，也就必须通过微信、朋友圈及QQ等社交工具去分享，形成交流与互动。同时，大家在购买后还会产生消费评价及购物分享等，此时就能让更多人注意到这个商品。

拼多多的活动分为很多种，不同的活动会针对不同的商家群体，如营销活动、类目活动、社交活动、竞价活动和店铺活动等，还有平日花样不断的促销活动，很多活动都是需要商家自己主动提报的。商家要注重各类活动，这是一个很大的逆袭机会。

根据活动的持续时间，可以将拼多多的活动分为长期活动和短期活动。

（1）长期活动。长期活动是指可以让商品长期在活动资源位上进行推广，获得长久的流量曝光，如断码清仓的日常精选、每日好店的好店精选、爱逛街的特价精选、领券中心和电器城等。

（2）短期活动。短期活动是指活动的资源位有一定的时间限制，商家可以通过价格让利来实现商品快速累积销量，如断码清仓的大牌清仓日、每日好店的神券好店、爱逛街的超值量贩、电器城的超级爆品、秒杀及品牌特卖等。

商家在选择活动时，最好进行长远规划，搭配各种短期和长期活动，来实现不同的营销目标，让店铺能够获得更长久的稳定利益。

（二）微店模式：良品铺子（公众号）

以实体店起家的良品铺子，是传统零售行业的典型代表企业，从传统零售到互联网电商再到社交电商，良品铺子抓住了每一次机遇。

良品铺子已经建立了智慧门店、平台电商、O2O外卖、自营App等全方位的互动和销售渠道，会员数量达到4 000多万，月活跃顾客数量突破800万。如今，社交事业部已经成为良品铺子的中心业务，开发各种新的社交电商创意玩法，同时将员工作为社交的通路，实现渠道的无限碎片化，使顾客能够更便利地享受高品质零食。

2013年，随着微商模式的兴起，良品铺子也看到社交媒体的商业潜力，并在当年年底上线官方微信平台，将手机微商城嵌入微信公众号，开始布局社交电商模块。良品铺子不仅可以通过微信与用户取得更好的沟通互动，而且可以推荐和销售产品，展开各种社交营销活动。

另外，微信还可以连接门店的会员来运营社交流量和进行会员营销，如发送优惠券吸引会员复购、向会员推广新品实现新品破零、会员积分兑换增强顾客黏性，以及市场调研开发新产品等。

良品铺子通过打造社交渠道矩阵，包括公众号、小程序、会员体系、H5微商城、微信群等渠道来运营自己的社交流量，和顾客进行沟通互动。在社交电商建设过程中，良品铺子通过微店打造了有趣的社交玩法、有料的社交产品和好玩的社交活动，获得了大量的忠实顾客。

1. 有趣的社交玩法

良品铺子在微信官方商城推出"新人入会礼"活动，新用户享有"1元吃爆款"特权，同时还拥有门店权益、外卖权益、App权益，以及更多会员权益，来吸引新的用户加入。

另外，良品铺子还推出了"降价拍"和团购返现等社交玩法，用来调动用户的积极性和参与性。例如，团购返现活动中买的人越多，产品单价越低，达到一定购买人次后，会将相应额度的钱返给购买者。

2. 有料的社交产品

在发展社交电商的同时，良品铺子同样非常重视产品质量，并且制定了专属的商品标准，严格控制产品品质。另外，良品铺子在微信官方商城的产品包装上也是别出心裁的，加入了很多新潮的社交元素，如专供自媒体用户的"会说话的星空棒棒糖""来往饼"等，迎合了社交渠道的客户口味。

良品铺子针对社交电商领域，不断提升产品的研发实力，开创各种新潮的产品玩法，与新生代用户互动，打造私域流量池。

3. 好玩的社交活动

在社交电商中，所有的商业交易行为都是基于信任产生的，用户信任并认可产品，才有可能去分享和传播产品。良品铺子推出了大量的社交营销活动，开发以人为本的产品来提升用户对品牌的信任度。

通过这些社交活动，良品铺子将自己的产品和品牌重复融入用户的社交网络和社交关系中，甚至一个用户圈层活动即可在一夜之间涨粉百万。

（三）微商模式：朋友圈卖货

微商可以说是社交电商的雏形，两者最大的区别在于，微商被圈定在微信生态这个"地域限制"范围内，而社交电商没有范围的限制，可以使用更多的流量渠道。

微商这个职业，相信大家已经不陌生了，他们通过微信同时运营多个账号，把每个微信号加满5 000人，然后通过朋友圈和微信群发广告，吸引顾客购买产品或者发展代理。

的确，微信是非常有效的社交流量池，而且转化效果非常好。但是，微商用微信的本质是卖货和招代理，实现高利润率产品的交易。微商用微信的核心则是运营顾客，为顾客带来价值，将产品和顾客的距离拉近。从这一点来看，微商是具有天然优势的，因为他们背靠微信，离流量非常近，宣传起来要比其他模式更快。

微商基于微信平台进行营销，而信息的快速传播是微信的优势所在。微信具有将内容快速分散裂变的功能，因此也可以理解为微商在使用微信进行产品营销时，平台自身的优势将使微商产品营销效果快速裂变，让微商收获非常好的宣传效果。

微商在营销产品时需要进行自身人脉资源的积累，因为人源越多，产生的用户越多。根据裂变定律所说，认识一个人之后，他会让你再认识25个新人。那么微信会将裂变再进行裂变，让你积累一个人脉资源后，再认识几倍的25个新人。新积累的人脉资源越多，裂变的次数将会越多，微商的人脉资源就会越来越多，因此在一定程度上成交率也会提升。

微商在向外界传播产品信息的时候也会产生效果的裂变，传播范围也会比微商所能接触的范围更广阔。因为产品信息可以通过用户传递出去，用户又可以通过身边的人将产品信息传播出去，因此微商将收获更好的产品宣传效果。

微商在营销过程中，除了积累人脉及进行产品销售外，还需要注重产品口碑的积累。通过微信平台，微商产品的口碑也会以数倍的形式传播。这种口碑积累将会对微商的销售产生巨大的作用，因此微商一定要注重产品的质量，做好优质口碑的积累。

（四）社区团购：兴盛优选（社群+小程序）

从2020年开始，社区团购成为新的互联网热点、风口，兴盛优选的日订单量突破800万，同时各大互联网巨头开始角逐社区团购，甚至连抖音都在App的同城板块上线了"优惠团购"。

1. 社区团购的优势

社区团购主要依靠微信群、QQ群等社交流量卖货，"团长"在社群中收集订单，然后集中起来向供应商下单，以拿到更实惠的价格。以兴盛优选为例，采用"今天买，明天送"的预售模式，大幅度降低了流量和配送成本。"团长"在社群中发布商品信息，顾客点击即可进入小程序下单。

社区团购之所以能够成为新的移动互联网风口，主要是因为"得生鲜者得零售"，这种高频、高复购且总体市场规模大的产品具有天然的引流优势，而且顾客更下沉，顾客规模和订单量的增长通常都是量级的变化。

2. 社区团购的业务模式

在社区团购模式中，顾客加入"团长"的微信群后，可以通过微信群进入小程序选择离自己较近的提货点，接下来选购商品并下单支付，第二天商品到达"团长"处后即可前往提货。

对平台来说，社区团购的这种"以销定采"的商业模式具有极高的效率，不仅能够将商品的损耗降到最低，还可以在价格上给消费者更多让利。

在供应链端，大多数移动电商平台目前都采用"中心仓 + 共享仓 + 网格仓"的多级仓配模式，兴盛优选便是其代表。通常一个中心仓会搭配多个共享仓，便于供应商对中心仓供货，网格仓则采用加盟制，负责给区域内的门店分拣、打包和配送商品。

社区团购主要在微信生态内开展社交电商活动，拥有最短的获客交互路径，包括社交获客和广告获客两种类型，获客效率、转化效率和履约效率都非常高。

（五）自媒体电商：今日头条

随着5G时代的到来，不管是企业还是个人，都可以通过自媒体渠道吸粉引流，构建起"顾客池"。同时，各种自媒体平台不断升级电商功能，引导自媒体人通过运营社交流量，通过大众喜闻乐见的信息流形式，让用户留下来实现持续变现。

在新媒体时代，各个自媒体平台为了更好地帮助自媒体人用社交流量赚钱，都在积极布局电商业务，帮助自媒体人提高销售业绩，同时让平台引入更多外部客户与流量，为自媒体人提供销售渠道，帮助商家真正打开商品销售的大门，实现平台上的社交流量变现。

今日头条是当下非常火热的资讯平台，该平台推出的头条号，通过高分成和高佣金吸引了大批自媒体人入驻。过去，自媒体人只能通过"赞赏"来实现内容变现。如今，头条号也加入了电商功能，自媒体人可以通过图文、视频等内容来引导消费者，产生消费行为。因此，除了内容付费和广告变现外，自媒体人还可以通过内容导购和分佣变现模式来实现更多的收益。

头条小店是今日头条针对自媒体创作者推出的一个电商变现工具，运营者入驻后，可以同时在今日头条、西瓜视频、抖音、火山小视频等平台的个人主页中显示店铺标签。头条小店支持个体工商户和企业入驻：个体工商户仅支持在线支付形式，需要提供资质信息和店铺信息审核；企业入驻可以支持货到付款和在线支付两种结算形式，而且只需要提供资质信息审核即可。

（六）短视频电商：抖音

随着时代的发展，商业模式也在不断地发展中，不管你身处哪个行业，在面对火爆的短视频潮流时，都要积极做出改变，否则你的思路将跟不上时代的发展。做社交流量运营的人更要改变思维，抓住这波短视频流量红利，通过内容运营将"弱关系"打造成"强关系"，并学会利用电商变现来获得更多利润。

短视频电商变现和广告变现的主要区别在于，短视频电商变现也是基于短视频宣传引流，但还需要实实在在地将产品或服务销售出去才能获得收益，而广告变现则只需要将产品曝光即可获得收益。

如今，短视频已经成为极佳的社交流量变现渠道，可以通过营造消费场景来连接顾客情感，带货能力不可小觑。短视频电商变现的平台除了抖音外，还有西瓜视频、快手、微视、淘宝、今日头条及抖音火山版等。

在传统微商时代，转化率基本维持在 5%～10% 之间，也就是说，在 100 万的曝光量中，最少能达到 5 万的转化率。短视频这种庞大的流量风口，吸引力当然比微商更强。

例如，在抖音平台中，只要发表 10 个视频，外加实名认证，就可以开通商品橱窗，对账号的用户量不再有硬性要求。运营者可以在"商品橱窗管理"界面中添加商品，直接进行商品销售，如图 2-15 所示。橱窗商品的详情页面，如图 2-16 所示。

图 2-15　商品橱窗管理

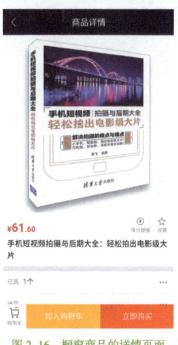

图 2-16　橱窗商品的详情页面

用户在拍摄视频的时候，即可在发布界面添加商品，发布视频后，会显示购物车图标，点击即可进入商品详情页面。商品橱窗除了会显示在信息流中，还会出现在个人主页中，方便顾客查看该账号发布的所有商品。

在淘宝和抖音合作后，很多百万用户级别的抖音号都成了名副其实的"带货王"，捧红了不少产品，而且抖音的评论区也有很多"种草"的评语，这让抖音成了"种草神器"。

（七）直播电商：快手

随着线上流量红利见顶，"社交流量"和"下沉市场"的挖掘成为必争之地。在短视频的爆火下，也带来"视频＋电商"模式的发展空间，同时让直播电商再一次火爆起来。

在直播领域，很多人的运营工作是与电商业务联系在一起的，特别是一些直播 IP（Intellectual Property，知识产权）。他们在布局电商业务的同时，又利用自身的强大号召力和用户基础，以直播的形式运营社交流量，并进行导流和电商变现。直播电商产业链如图 2-17 所示。

例如，快手平台的电商功能——快手小店，主要用于帮助网红实现在站内卖货变现，高效地将自身流量转化为收益。运营者开通快手小店功能后，即可在直播中关联相应的商品，用户在观看视频时即可点击商品直接下单购买。

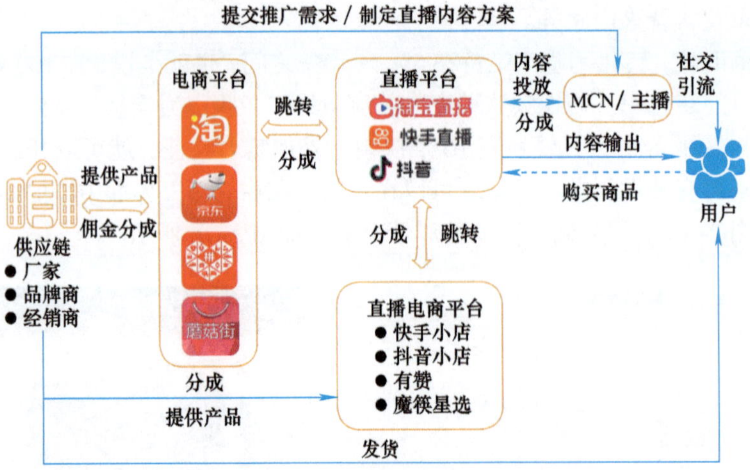

图 2-17 直播电商产业链

三、任务实施

任务目标

通过本任务实训，让学生体验社交运营模式，并在此基础上熟练把握移动电商平台社交运营模式的运营要点。

实训任务

以三只松鼠为例，体验三只松鼠微信公众号的微店运营模式，并根据自身体验总结其社交运营的要点，积累社交运营的经验。

实施步骤

第一步，进入微信 App 的"发现"界面，选择界面中的"搜一搜"选项，如图 2-18 所示。

第二步，进入"搜一搜"界面，点击搜索框，如图 2-19 所示。

图 2-18 选择"搜一搜"选项

图 2-19 点击搜索框

第三步，在搜索框中，①输入"三只松鼠"；②点击"搜索"按钮，如图 2-20 所示。

第四步，点击搜索结果中的第一个微信公众号所在的位置，如图 2-21 所示。

图 2-20　点击"搜索"按钮　　　　图 2-21　点击搜索结果中第一个微信公众号所在的位置

第五步，进入"三只松鼠"微信公众号，点击"服务"按钮，如图 2-22 所示。

第六步，在弹出的列表框中，点击"立即下单"按钮，如图 2-23 所示。

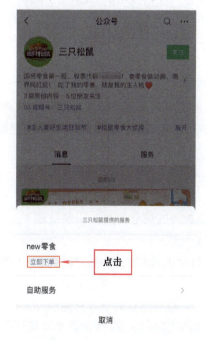

图 2-22　点击"服务"按钮　　　　图 2-23　点击"立即下单"按钮

第七步，进入"三只松鼠小程序商城"的首页界面，即三只松鼠的微店首页，如图 2-24 所示。

第八步，选择需要购买的产品，①点击图标；②点击"立即购买"按钮，如图 2-25 所示。

图 2-24　三只松鼠的微店首页

图 2-25　点击"立即购买"按钮

第九步，支付对应的金额进行下单。

第十步，收到产品之后，完成整个购物过程。

第十一步，结合自身体验，总结微店模式的主要优势和劣势（优势、劣势各列出三个）。

四、知识巩固

1. 社交电商是指"社交元素＋电子商务"，其中社交元素包括关注、分享、交流、评论，以及互动等行为。商家将这些行为应用到电商中，可以实现流量的快速裂变。（判断题）
（　　）

　　A．对　　　　　　　　　　　　　　B．错

2. 社交电商不再是一次性的，而是通过营销活动来培养大量忠实用户，打造强关系，从而形成长久的商业行为。（判断题）（　　）

　　A．对　　　　　　　　　　　　　　B．错

3. 社交电商模式的优势有哪些？（多选题）（　　）

　　A．让营销成本直线降低　　　　　　B．让投资回报率大幅提升

　　C．避免已有的老客户流失　　　　　D．对塑造品牌价值有帮助

4. 以下哪个电子商务企业是社区团购类型的电商企业？（多选题）（　　）

　　A．京东网　　B．多多买菜　　C．饿了么　　D．十荟团

5. 下面哪个不属于社交电商的常见营销方式？（单选题） （   ）
   A．拼团砍价模式，如拼多多、京喜、淘宝特价版等
   B．直播带货，如抖音、快手、淘宝直播等
   C．微商模式，通过发朋友圈带货
   D．外卖模式，如美团外卖、饿了么等

五、课外训练

当传统电商走向落幕时，必然会有新的电商模式取而代之。内容电商便是其中的一支新秀。对内容电商而言，促进销售和增加内容变现的场景，是运营者的主要目的所在，从而让大量的社交流量能够通过内容转化为收益。请设计基于内容消费行为的社交电商产品，如图 2-26 所示。

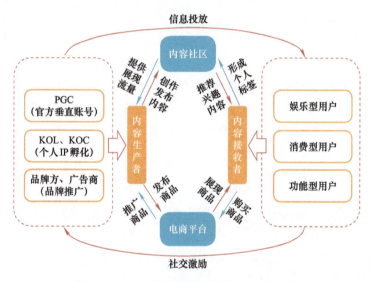

图 2-26　基于内容消费行为的社交电商产品

任务三　体验新零售运营模式

如今，不管是线下实体店，还是线上电商，不管是零售行业的商家，还是做商业地产的企业，都在强调新零售。

那么，究竟什么是新零售？新零售如何运营呢？

学习目标：

◎ 了解新零售下的重新构架
◎ 知晓新零售兴起的主要原因
◎ 看懂新零售下的商业模式变革
◎ 掌握新零售模式的运营方法
◎ 明白新零售时代的商业逻辑变化

一、任务描述

> **案例描述**

小王在上大学时经常熬夜，晚上因为肚子饿曾多次光顾寝室楼里的无人售货机，这也让他享受到了无人售货的便利服务。毕业之后，小王上了几年班，便将自己攒的钱全都投资无人智能货柜，做起了新零售。在小王看来，无人智能货柜贴近消费者，可以为消费者提供便利的服务，未来一定会获得快速地发展。

问题分析：

无人智能货柜与早期的无人售货机有什么区别？什么是新零售？除了无人智能货柜之外，还有哪些新零售运营模式？

二、知识准备

不管是电商还是线下实体店，都在经历巨大的变革，零售业也进入了新的阶段，那就是从零售到新零售。这不只是一个字的差别，其背后拥有更多新的商业场景、应用技术、供应链，以及消费关系。当然，要知道究竟什么是新零售，做好新零售运营，还得掌握新零售的相关知识。

（一）新零售下的重新构架

新零售究竟是什么？答案并不是统一的，每个人都有自己的不同看法，目前并没有一个标准的说法。具体来说，关于新零售的概念有以下几种说法。

说法1：新零售是一种全新的商业体系，可以满足各种新的消费需求。

说法2：新零售是"新瓶装旧酒"，其实就是O2O的一个升级版本。

说法3：新零售就是采用各种数字化技术的新工具，让线上和线下进一步深度融合在一起。

说法4：新零售就是以消费者为中心，全面打通会员、支付、库存，以及服务等方面的数据，构建一个"线上＋线下＋物流"的商业体系。

说法5：新零售＝新需求＋新技术。

不管是哪种说法，都可以看到消费升级、新技术、线上与线下、大数据等关键词。因此，可以说新零售就是在消费升级的时代趋势下，利用大数据、云计算等各种新技术来打通线上与线下，打造高效物流，创新整个零售业产业链，从而发起的一场商业变革。同时，新零售加速了实体零售企业与互联网的融合与渗透，未来单纯的零售行业将不复存在，而是一个相融共生的新商业生态系统。

例如，无人值守货架就是新零售时代的典型产物，大量资本的涌入，以及巨头企业的跨界，让无人值守货架得到了快速发展。无人值守货架通过融合线上与线下，提高了零售链条的效率，重新认知和塑造线下场景的流量价值。当然，不管是新零售还是传统零售，在零售行业中"人""货""场"都是十分重要的元素，而新零售可以重新架构"人""货""场"的关系和形态。

1. "人"的重建

"人"是指用户、顾客。零售行业与其他商品销售行业最大的不同之处就是,零售商直接面对的就是商品销售产业最末端的消费者。因此,零售商不只是简单地将商品贩卖给顾客就可以了,还要提供售后服务等延伸服务,因为零售商要与顾客保持联系,这种联系不随着商品交易的完成而结束。零售商需要增加顾客的回购率,从而获得稳定的客流。

2. "货"的重建

"货"是指货物、商品。零售行业对货物的管理大致有寻货、进货、补货、定价这几个环节,这些环节一同构成了零售货物流通的流水线,在这样的一个流水线中,对货物管理的效率和成果是至关重要的,因为零售商是需要通过了解这条流水线中的数据来做出决策的。

如果每一件货物都有一个对应的二维码,那对货物的管理无疑会更加轻松,因为商家只要查看二维码便可以方便地记录和分类货物信息。在商品的销售中,商家也可以通过顾客的扫码信息统计到市场数据,从而去分析顾客的消费趋势,并对以后的销售方向进行决策,据此更好地打造爆款商品。

3. "场"的重建

"场"是指购物环境,具体一点可以说是门店。对门店的管理,零售商既要考虑到大的布局,也要考虑到小的环境。所谓大的布局,是指门店的地理位置。门店要设在人流集中的地方,这样才可以吸引足够多的顾客。通常在人流聚集的商业中心地区,门店都很多。小的环境是指店内场地环境的规划、商品的摆放等。

(二)新零售兴起的主要原因

新零售的诞生是时代的趋势,它的兴起主要包括技术、消费者和行业这三个方面的原因。

(1)技术原因:随着互联网技术的发展,逐渐产生了很多经济和社会价值,同时推动了经济全球化 3.0 时代的发展。大数据、云计算、移动支付、智慧物流,以及互联网金融等技术,实现了"云、网、端"的深度结合,带来了智能化和自助化的零售系统。

(2)消费升级:随着消费者的数字化程度越来越高,他们的生活方式、消费观念和消费习惯等,发生了翻天覆地的变化,同时产生了新一代的价值主张。消费升级的变化如图 2-27 所示。

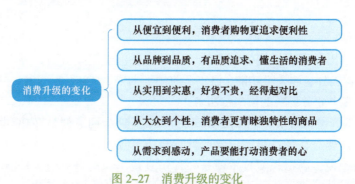

图 2-27 消费升级的变化

(3)行业竞争:随着全球实体零售行业的发展放缓,行业亟须寻找新的增长动力,而且国内的零售行业竞争非常激烈。在零售业态转变和升级的大好时机下，零售形态涌现出多元化的发展趋势。企业都在深化新零售战略，确保在竞争中取得胜利。

在新零售时代，消费者和智能终端的关系更加紧密，而数字化则成为重构新零售的核心，可以给消费者带来更好的消费体验，让他们可以随时、随地、随心地进行消费。新零售的基本特点如图 2-28 所示。

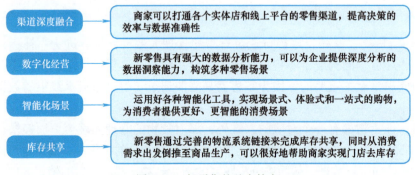

图 2-28　新零售的基本特点

（三）新零售的主要商业系统

新零售的商业系统是以消费者体验为中心，围绕消费者需求来重构"人、货、场"，提供便捷、人性化、智能化的消费场景。

1. 新零售智能化技术 AI+VR

在新零售时代，出现了很多智能化技术，其中比较典型的就是 AI 和 VR，下面分别进行介绍。

（1）AI 技术。人工智能（Artificial Intelligence，AI）技术在新零售领域的应用可以说是非常广泛的，包括无人商店、智慧供应链、无人仓 / 无人车，以及个性化推荐等，让新零售的发展锦上添花，其作用如图 2-29 所示。

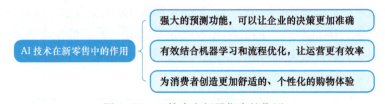

图 2-29　AI 技术在新零售中的作用

例如，阿里巴巴基于人工智能打造的"阿里智慧供应链中台"，具有智能预测备货、智能选品，以及智能分仓调拨等功能，已广泛应用到天猫、1688、零售通、AliExpress、村淘，以及阿里健康等多个业务场景的供应链服务。

（2）VR 技术。虚拟现实（Virtual Reality，VR）这个词最初是在 20 世纪 80 年代初提出来的，它是一门建立在计算机图形学、计算机仿真技术学、传感技术学等技术基础上的交叉学科。直白地说，虚拟现实技术就是一种仿真技术，也是一门极具挑战性的时尚前沿交叉学科，它通过计算机，将仿真技术与计算机图形学、人机接口技术、传感技术、多媒体技术相结合。

在新零售中运用 VR 技术可以生成一种虚拟情境,这种虚拟的、融合多源信息的三维立体动态情境,能够让消费者沉浸其中,就像经历真实的世界一样。

2. 新零售线下实体店 ERP

ERP(Enterprise Resource Planning,企业资源计划)系统是一种建立在信息技术基础上的管理平台,通过系统化的管理思想,为移动电商企业提供更好的决策手段。

例如,云起 ERP 就是一个符合新零售时代特征的管理平台,具有店铺管理、商品管理、赠品管理、仓库管理、物流管理、分销商管理,以及订单自动化设置等功能,为企业的新零售业务保障赋能。

3. 新零售多功能支付系统

零售行业当然离不开支付环节,企业在布局新零售时,还需要打造一套多功能支付系统,实现所有场景的统一支付、资金管控和账务管理等,创造更多收益。当然,升级改造新零售的支付环节,绝不是简单地在墙上贴一张二维码,而是以各种新技术为基础,尝试不同的实现方式。

例如,缤果盒子无人便利店,使用全智能商品识别技术、自助结算系统、动作识别防盗系统、人脸识别系统、动态货架、远程客服协助等,融合了大量的计算机视觉、深度学习以及传感器融合等技术,完全颠覆了传统零售的收银结账模式,选好商品后将其放置在收银台检测区,检测区自动出现收费二维码。顾客可直接用微信或者支付宝扫码完成付账,即可离店。

4. 新零售 CRM 系统

CRM(Customer Relationship Management,客户关系管理)系统的核心工作是利用信息科学技术来管理各种客户数据,帮助企业实现以客户为中心的管理模式。

新零售 CRM 系统需要掌握的数据包括客户数据、交易数据和社交数据。在传统零售时代,这些数据都被淘宝、京东、微信和微博等巨头企业所掌握。新零售的全渠道 CRM 系统可以帮助商家轻松实现整合会员、忠诚度管理、统一营销和多渠道客服等功能,建立属于自己的数据资产,并以大数据驱动来提升消费者的体验。

5. 新零售客流监测系统

在新零售时代,数据的重要性不言而喻,实体商家都希望像线上平台那样,拥有强大的数据统计分析能力。客流监测系统是线下实体商家进行大数据分析的重要工具,可以很好地研究和分析客流量,被越来越多的商家注重。例如,文安智能推出了客流统计智能一体机,该机器具有图像采集、客流统计分析和网络数据传输等功能,可以帮助零售商家实时获取精准客流数据。

新零售客流监测系统能够帮助商家获取门店整体的客流量数据,对门店内顾客的购买行为特征进行数据分析,找到优质的潜力消费人群,商家在此基础上进行精准营销,促进顾客的消费和二次进店。

6. 新零售数据分析系统

新零售数据分析系统可以帮助商家更好地关注门店运营过程中的每一个数据,用数据驱动零售行业的精准管理,从根本上促进销量、服务、品牌,以及每个细节的增量管理。

(四)新零售下的商业模式变革

新零售下的商业模式变革主要是以消费者为中心,凭借线上先进技术和经营理念,提升线下传统零售前端营销能力和后端供应链的效率,持续强化各个消费者触点的能力,用数字化手段整合和优化供应链,并结合系统性的零售分析方法,实现价值链的优化和协同。具体来说,新零售商业模式的变革主要体现在以下四个方面。

1. 库存和物流变革

传统零售通常是通过一级一级的分销商和渠道商来流转和销售商品。新零售则通过物流渠道的建设来实现去中间商,解决"库存"问题。传统零售和新零售的区别,如图2-30所示。

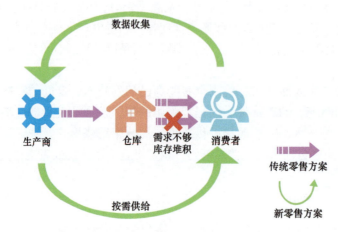

图 2-30 传统零售和新零售的区别

从图2-30可以看到,新零售的产品生产是通过数字化的用户需求和传导来实现的,通过精简供应链,使其运作过程更为流畅,从而提高零售业的整体效率。随着新零售的发展越来越完善,电商平台将会逐步消失,强大的物流系统可以将线上云平台与线下的销售门店或生产商完整地结合在一起,从而消灭库存,减少囤货量。

例如,京东X事业部推出的智慧物流实验室,就是一个由机器人、人工智能算法和数据感知网络打造的全流程智能无人仓,它将商品的入库、存储、包装和分拣等工作全部交给机器人来处理。

2. 零售商的流量变革

其实,新零售的背后仍然是流量的生意,线上主要依靠网民的流动,而线下则依靠消费者的流动。电商之所以能够兴起,主要是由于发展初期的流量成本较低,用户黏性较高。但随着竞争越来越激烈,线上的流量成本也变得越来越高。

此时,线下的流量成本就显得比较低了,而且线下可以与消费者更好地互动交流,消费体验也更好,同时还能往线上平台导流。在这种情况下,新零售模式兴起了,它降低了获取流量的成本,而且还能轻松结合线上与线下,催生出更多的营销方法,如图2-31所示。

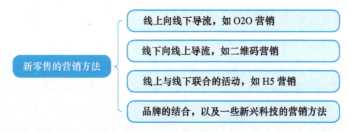

图 2-31　新零售的营销方法

通过互联网分享功能来引流和经营客流对线上零售商来说是很常见的，因为这是线上零售商引流的主要手段之一。对线下零售商来说，吸引客流更加重要。因为实体零售商的经营本质就是客流经营，而客流经营不仅要将客户与商户联系起来，还要生成与商品、服务、商户资源等多方面的联系，通过 App 和微信小程序等强大的分享功能，联系的架构将更加轻松，客流经营也将更加容易。

3. 全渠道数据化变革

新零售可以说是"全渠道+大数据+线下体验店+智能物流+新金融"的无缝结合。在互联网环境下，运用大数据、人工智能等技术工具，可以升级和改造商品的生产、流通与销售等流程，并对线上服务、线下体验，以及现代物流进行深度融合。新零售的全渠道数据化变革主要体现在两个方面，如图 2-32 所示。

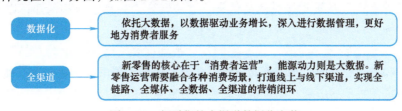

图 2-32　新零售的全渠道数据化变革

4. 购物体验的变革

新零售的消费升级不是简单的"价格升级"，而是"体验升级"。在传统零售时代，价格是消费者非常关注的因素，而新零售时代个性和体验成为商家的强大竞争力。如何才能为消费者提供更加高效的服务，这是在转型新零售时必须考虑的问题，商家必须通过思维和技术创新，给消费者带来更现代化和智慧化的购物体验。

例如，无印良品（MUJI）线下店与咖啡餐饮、文化艺术，以及时尚美容等实现跨界融合，为消费者打造一种新型体验的社交化场所，让生活更便利、更有味道。用无印良品的话来说就是："无论我们做什么都是以无印良品的商品为中心，以此展现给我们的顾客。"

（五）新零售时代的商业逻辑变化

亚马逊的创始人杰夫·贝佐斯曾说过，在未来 20 年、30 年，甚至 50 年，零售行业有 3 点是不会发生变化的，即顾客喜欢低价的东西、顾客喜欢更快的送货速度、顾客希望有更多更快的选择。

也就是说，零售的本质不会改变，其经营的核心要点仍是产品、价格、渠道和推广，所有的新零售技术的应用与转变仍是为其服务的。但是，新零售时代还是会产生一些商业逻辑的变化。

1. 从"规模经济"变为"范围经济"

传统零售与新零售的区别，首先是经济分析和需求方分析的变化，从大规模标准化向自限范围个性化演变，传统零售以规模经济为主导，而新零售则通过增加范围经济来吸引需求者。规模经济和范围经济初听感觉差不多，但它们的内在却存在很大的差别，如图 2-33 所示。

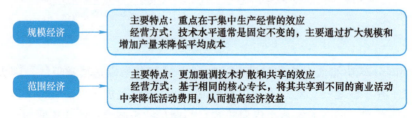

图 2-33　规模经济与范围经济的区别

2. 从"产品售卖"变为"用户运营"

零售业经历了以渠道为中心、以产品为中心的时代，目前正过渡到以消费者为中心的新时代。传统零售的最终目的是"卖产品"，主要以商品经营为主，而新零售则以用户运营为主，侧重于提升用户的消费体验。

3. 从"被动接受"变为"主动参与"

如今，消费者已经从被动接受商品信息，逐步转变为主动获取和认知，以及主动参与商品的制作和推广，话语权已然转移到了消费者一端。

新零售是一个消费者导向的时代，他们从"被动接受"变为"主动参与"，同时对产品也更加理智和挑剔。因此，企业不能只是被动地跟随市场需求的变化来生产商品，而是要完成对消费需求从被动适应到主动创造的转变，打造更多的参与式营销方案，让消费者转变为"故事中的人物"。

例如，可口可乐的"台词瓶"社会化营销，就是通过营造一种有趣的双向沟通方式，将可口可乐的瓶子化身为与用户进行情感交流的媒介，真正让消费者分享和表达感情，最终将互动成果转变为商业价值，增加产品销量。

总的来说，面对新零售时代的消费者从被动到主动的转变，企业需要不断学着去创新，来迎合消费者的个性化需求，打开他们的心理防线，并不断扩大他们的心理边界，这样才能使自己立于不败之地。

（六）新零售模式的运营方法

如今，互联网电商巨头包括阿里巴巴、京东等，都投入了大量的资金渗入线下零售，并结合自身线上的流量、技术和平台等优势，打造全渠道的零售体系。对零售企业或商家来说，转型新零售主要有以下三条路线，如图 2-34 所示。

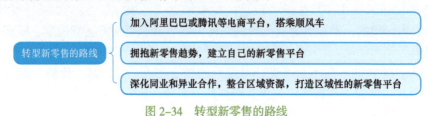

图 2-34　转型新零售的路线

零售企业或商家不管选择哪条路线，都会产生一个问题，那就是如何做新零售？下面介绍做新零售的一些运营技巧。

1. 自建线上平台

零售企业或商家可以通过自建新零售线上平台来提升用户体验，砍掉中间环节，把产品与消费者直接绑定在一起。新零售线上平台主要包括 App、小程序、微商城和 PC 网站等，其中"小程序 +App"是目前的主流形式，零售企业或商家可以借助这种形式，轻松实现商品、营销、用户、导购和交易等全面数字化。

然而，很现实的一个问题是，许多商家依靠自身的力量是无法打造新零售电商平台的。这主要是因为有两大难题摆在了商家面前：一是没有自己的线上平台，二是没有足够的流量。当然，这两个难题实际上也是一个难题，那就是难以建立有影响力的新零售线上平台。

腾讯提出的"智慧零售"模式很可能是这个难题的最佳解决方案。何为"智慧零售"？其实就是通过微信小程序为零售商户赋能。微信小程序实际上就是为商家提供了一个智能化的服务平台，商家只需开发个人微信小程序，便可进行新零售运营。

通过小程序为个体电商提供自主零售的施展机会，实际上就是为实现智慧零售提供了契机。所以，随着微信小程序的发展，这种小程序 + 新零售的零售模式便开始出现，并成为越来越多商家的选择。通过"小程序 +App"打造双线上平台，中小型零售企业和商家可以在线上商城、门店、收银、物流、营销、会员、数据等核心商业要素上下功夫，构建自身的智慧零售链条，打造"去中心化"的智慧新零售形态。

2. 依靠第三方平台

除了自建平台外，零售企业和商家也可以依靠有影响力、有流量的第三方平台推出直营网店，或者发展网络分销商。

例如，微盟就是一个社会化分销平台（Social Distribution Platform，SDP），它可以为客户提供零售行业全渠道的电商整体解决方案。平台可以帮助零售企业解决分销商管控、库存积压、利益分配和客户沉淀等难题。SDP 的业务模式具有五大价值，如图 2-35 所示。

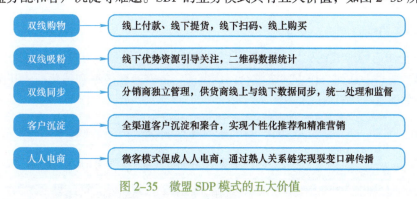

图 2-35 微盟 SDP 模式的五大价值

3. 直营线下实体店

直营线下实体店的新零售运营模式通常包括旗舰店、社区店、会员店或者企业内部店等。首先，实体店需要对自己进行重新定位，并尽快弥补线上短板，实现双线融合来配合人们的消费行为。同时，实体店还应该加强和突出消费体验，推进自营比例，并以数据驱动来从容应对消费市场和消费者的变化。

例如，王府井成立全渠道中心，建设数据渠道的新零售能力，目的就是紧紧围绕以顾客需求为核心，强化顾客的经营能力。目前，王府井有百货、超市、奥莱综合体和购物中心四大业态，但所有跨渠道的营销都由全渠道中心统一管理，如线上与线下互动的营销、会员和用户权益体系的管理等，并且成为拥有线上自建零售渠道的全渠道零售商。

王府井的新零售转型战略可以用"一个模式""四大任务"来形容，具体如图2-36所示。

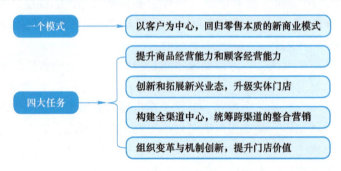

图 2-36　王府井的新零售转型战略

4. 新零售加盟店

如果商家觉得从零开始做线下实体店找不到方向，也可以选择加盟店的模式，借助加盟总部的形象、品牌和声誉等，在市场上，招揽消费者前往消费。例如，阿里巴巴零售在新零售战略基础上，推出了"天猫小店"项目，为广大零售小店定制"天猫"品牌合作计划。

加盟"天猫小店"项目后，商家可以通过享受特殊的"天猫小店"进货渠道，专享普通小店没有的鲜食、信用贷款、管理系统和大数据服务，同时根据要求改造天猫品牌门头、店标和一部分陈列，提高小店的整体形象和市场竞争力。

除了阿里巴巴推出的"天猫小店"外，苏宁也推出了"苏宁小店"入局社区生鲜市场。"苏宁小店"采取O2O运营模式，用户可以在线上通过小店App购买商品、预订早餐等，也可在店内自提、扫码购物等。

5. 新零售合作店

新零售合作店的形式比较丰富，既可以是线上与线下的资源互换，也可以是同业或者异业联盟等，通过一系列合作方案来整合门店客流，提升经营效率和转化率，其比较常见的几种方案，如图2-37所示。

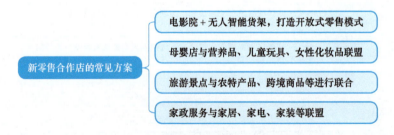

图 2-37　新零售合作店的常见方案

例如，阿里巴巴旗下的菜鸟网络推出的"菜鸟驿站"，就是一个面向社区、校园的第三方末端物流服务平台。"菜鸟驿站"通过与校园站点、社区便利店、连锁超市等线下商家合作，为用户提供包裹代收、代寄等服务，提高了物流的整体效率。

6. 无人智能货柜

无人智能货柜不是随便放一个货架就行了，一定要以自身产品、品牌定位和周边人群进行深度结合。无人智能货柜可以选择放置在一些员工停留时间长或者人流量较大的地方，如酒店、汽车 4S 店、工厂、医院等，保证客源的稳定性。同时，无人智能货柜还可以通过 App 来发展稳定会员，将顾客导流到线上平台。

7. 智慧导购店

新零售智慧导购店最典型的模式就是微商，而智慧导购其实就是人，微商就是通过将产品用户变成创业者，或者将门店的营业员转化成智慧导购，利用他们的碎片化时间，服务和发展更多的用户群体，同时通过技术手段来激活团队，突破渠道瓶颈。

例如，"立白净博士"进军微商，创造了一天内高达两亿元的业绩，刷新了微商的新纪录。"立白净博士"选择专注微商渠道的杭州先手科技有限公司作为总代理，帮助品牌做好长远的微商布局，并严格规范渠道的秩序，同时保护每个代理商的应得利益，帮助员工获得可观的收入，以及自身的成长和自我价值的实现。

其实，新零售智慧导购店包括三个方面：引流、沟通和朋友圈。在这种新零售的模式下，微商成为主流商业模式。对线下门店来说，也可以借助这种智慧导购模式来布局新零售，招募专职导购或者兼职导购，通过新媒体平台与社会化营销来发展顾客，推动门店商品的线上销量，同时让导购享受业绩提成。

跨界整合运营模式

三、任务实施

任务目标

通过本任务实训，让学生熟练掌握新零售的运营方法，能够快速判断某个移动电商运用的新零售运营方法。

实训任务

随机选取身边一个移动电商企业，了解该企业的运营情况，并据此总结其运用的新零售运营方法。

实施步骤

第一步，随机选择一个移动电商企业，如阿里巴巴、腾讯和京东。

第二步，了解该企业的相关信息，特别是新零售方面的运营情况。

第三步，通过查找资料，了根据该企业在新零售方面的运营情况，分析它是如何对人、货、场进行重新构架的。

第四步，分析该企业在新零售运营过程中运用的商业系统，以及主要的运营方法。

第五步，制作新零售运营分析表，包括该企业的新零售布局情况、重新构架、商业系统和运营方法，见表 2-3。

表 2-3　新零售运营分析表

企 业 名 称	新零售布局情况	新零售重新构架	新零售商业系统	新零售运营方法
阿里巴巴				
腾讯				
京东				

四、知识巩固

1. 关于新零售的概念，有五种常见的说法。（判断题）　　　　　　　　（　　）
   A．对　　　　　　　　　　　　B．错
2. 新零售就是对人、货、场的重新构架。（判断题）　　　　　　　　　（　　）
   A．对　　　　　　　　　　　　B．错
3. 运营无人智能货柜只要随便放一个货架，等着获得收益就可以了。（判断题）
   　　　　　　　　　　　　　　　　　　　　　　　　　　　　　　（　　）
   A．对　　　　　　　　　　　　B．错
4. 新零售主要出现了哪些商业模式变革？（多选题）　　　　　　　　　（　　）
   A．库存和物流变革　　　　　　B．零售商的流量变革
   C．购物体验的变革　　　　　　D．全渠道数据化变革
5. 以下哪些属于新零售模式的运营方法？（多选题）　　　　　　　　　（　　）
   A．自建线上平台　　　　　　　B．依靠第三方平台
   C．直营线下实体店　　　　　　D．新零售加盟店

五、课外训练

在深入了解新零售模式运营方法的基础上，找到每种新零售模式运营方法对应的具体案例，总结其主要的运营方法，并在此基础上制作一张表，见表 2-4。

表 2-4　新零售运营方法分析表

新零售运营方法	具 体 案 例	主要的运营方法
自建线上平台		
依靠第三方平台		
直营线下实体店		
新零售加盟店		
新零售合作店		
无人智能货柜		
智慧导购店		

项目三
移动电商策划与运营

导　　读

不可思议的"双十一"

2009 年，时任淘宝商城总裁的张勇和他的团队，为了做大淘宝商城的品牌，策划了一个嘉年华式的网上购物节，并选择了 11 月 11 日这个处于十一黄金周和圣诞促销季之间的很容易被记住的日期，此后被网友戏称为"光棍节"。可能淘宝的团队也没有想到，这个偶然的决策，造就了中国乃至世界电商史上的一个里程碑。第一个"双 11"只有李宁、联想等 27 个商户参加，但让人惊讶的是，平台的交易额达到了惊人的 5 200 万元，居然是正常交易额的 10 倍！此后，"双 11"就成为中国消费者集中购物的"节日"。时至 2021 年，"双 11"的成交额已达到惊人的 5 403 亿元，如果按 1∶6.3 的美元兑人民币的汇率计算，达到 858 亿美元，超过全球 100 多个国家的年度 GDP。随着"双 11"的影响力不断扩大，2014—2015 年阿里巴巴逐步推进中国电商的国际化，以 eWTP 的推进为标志，显示其已经进入新的发展时期。如今的"双 11"伴随着中国企业海外仓的建设、跨境电商业务的发展，已经成为全球消费者的狂欢节。

任务一　移动电商运营内容策划

"互联网+"时代的全面开启,以及内容付费的兴起,给移动电商行业的转型带来了前所未有的契机,推动了内容营销思维的革命。

那么,移动电商运营者要如何进行内容策划,制作更受用户欢迎的内容呢?本任务重点回答这个问题。

学习目标:

◎ 了解移动电商的内容打造方法
◎ 掌握移动电商的内容优化方法
◎ 掌握移动电商的内容推广技巧

一、任务描述

案例描述

小周大学毕业之后,成功应聘上了某移动电商公司的运营岗位。上班第一天,部门领导就布置了一个任务:提供一个内容策划方案,方案中需要对内容的打造、优化和推广进行具体的说明。

接到这个任务之后,小周感到有点难:"自己也没有移动电商的内容策划经验,要怎么完成任务,给部门领导留下一个好印象呢?"

问题分析:

移动电商的内容要怎样进行打造、优化和推广?没有移动电商内容策划经验的人,要如何快速完成内容的策划?

二、知识准备

在移动电商平台中,多用文字、图片、视频等内容形式来表现主题,如果移动电商运营者想要自己的内容在众多营销策略中脱颖而出,就必须打造符合用户需求的内容,做好内容运营,用高价值的内容来吸引用户。

(一)了解移动内容电商

当传统电商走向落幕时,必然会出现新的电商模式,移动内容电商便是其中的一支新秀,正在慢慢地发光发热,显示出巨大的能量。

在互联网+时代,各种新媒体平台将内容创业带入高潮,再加上移动社交平台的发展,为新媒体运营带来了全新的粉丝经济模式,一个拥有大量粉丝的人物IP由此诞生,成为新时代的商业趋势。

移动电商运营者要进行移动内容电商运营,就必须先掌握一些移动内容电商的基本知识。

1. 移动内容电商的基本概念

移动电商运营者要了解移动内容电商活动，就必须先清楚移动内容电商的基本概念，这也是掌握移动内容电商基础知识的前提。在介绍移动内容电商概念之前，先介绍一个相关的案例。通过这个案例，大家就能更好地了解什么是移动内容电商了。

随着移动内容电商的兴起，淘宝、京东和聚美优品等大型电商平台开始转型与布局移动内容电商。以京东为例，"京东"App 开发了一级入口"逛"，用于向用户推荐好物的内容资讯。

那么，移动内容电商到底是什么？其实，从京东的案例不难看出，移动内容电商就是通过图片、视频、音乐和文字等内容形式来卖东西，内容成为用户可以消费的信息。例如，京东 App 将直播和各种频道的入口放在首页，引导浏览者进入感兴趣的频道，以"出行玩乐"频道为例，包括了惠玩榜单、热门玩乐榜等多种形式。面对不同的用户需求，京东通过手机 App 来收集人们的浏览和收藏记录等相关数据，并分析用户的购物行为数据，从而匹配用户喜好，实现精准化营销。

有了京东这个典型的案例作为说明，就可以给移动内容电商下一个定义，如图 3-1 所示。随着流量的价值越来越得到体现，以及人们的消费方式不断升级，移动内容电商的崛起成为必然。

图 3-1　移动内容电商的定义

2. 移动内容电商的发展现状

随着互联网技术和覆盖人群的飞速发展，移动内容电商已成为各大企业争夺的焦点，呈现出迅猛发展的态势。在微信移动端上，很多知名公众号的电商销量惊人。以微信公众号"吴某频道"为例，其推出的吴酒就达到了 1 000 万元的年销售额。据悉，"吴某频道"微信公众号上线后即获得了日均 2 000 人左右的粉丝增长速度，不到一年其订阅数就突破 60 万，并且完成了近百次的内容推送。此外，吴某还在春节期间举行了一次"年货众筹"活动，在近 200 家食品企业中选择 10 家企业，将他们的产品打包成一个大礼品箱，送到 50 名书友手中。虽然背负着"财经写作者"的 IP 身份，但吴某更是一名成功的商人。其中，微信里卖的"吴酒"是吴某在经营自媒体过程中的一种电商变现尝试，曾创下了 33 小时售罄 5 000 套单价 199 元的"吴酒"礼盒套装纪录。这甚至在酒品行业内部，也被认为是一个典型的成功案例。

当然，除了直接销售商品外，还有很多服务型的内容电商。其中，育儿类与文化类的微信公众号中内容电商创业者的数量最多，并且内容的转化效率也是最高的。

3. 移动内容电商的发展趋势

了解移动内容电商的发展趋势，有助于企业、商家或者个人更好地开展移动内容电商活动。移动电商将成为承载内容的良好渠道，并围绕粉丝来销售商品或服务，同时"以产品为导向定位用户"的模式已经一去不复返，更多的是"以用户为导向来定制个性化产品"。

移动内容电商的发展趋势，如图3-2所示。

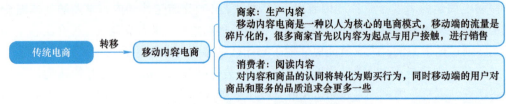

图3-2 移动内容电商的发展趋势

（二）移动电商的内容打造

移动电商运营者要想在内容营销中脱颖而出，需要精心打造自己平台的内容。移动电商运营者要做好内容电商，就必须了解内容展现的方式以及打造内容的方法。下面介绍内容展现的四种方式和不同领域内容打造的方法。

1. 了解内容的四种展现形式

如今是一个内容创业爆棚的时代，很多人通过将自己生产的内容出售给投资方，从而获得营销收益。好的内容可以极大地带动电商企业与粉丝的良性互动，提升粉丝的满意度，加强粉丝对电商企业的忠诚度。因此，对互联网内容创业者或相关企业来说，需要记住的是，优质内容是打造爆款的关键所在，下面将介绍互联网内容创业的主要形式。

（1）更有深度的文字内容。在所有的互联网内容中，文字内容是最为基础、直接的内容形式，它可以有效表达创作者的主题思想。文字内容形式的优劣分析如下：

1）优势：文字表达的信息量集中并且信息准确度高，用户阅读不容易产生错误理解。

2）劣势：长篇幅的文字内容容易引起用户阅读疲惫，从而导致用户放弃阅读。

如今，单纯的文字内容已经比较少见了，因为这种形式的内容，如果字数很多，篇幅很长，会容易引起用户的阅读疲劳和抵触心理。所以，移动电商平台运营者在推送内容时，可以少用这种形式。

（2）展现力强的图片内容。图片内容就是以图片的形式进行表达，不使用文字或者文字已经包含在图片里面了。图片内容形式的优劣分析如下：

1）优势：形式新颖、直观性较强，同时也能给用户一定的想象空间。

2）劣势：篇幅会受到一定的限制，如果图片中包含文字，那么阅读起来会不方便。

（3）体验更好的图文式内容。图文式内容是指图片与文字相结合，既有图片，又有文字的内容形式。图文式内容的优劣分析如下：

1）优势：图文式能让文章要表达的内容主旨更鲜明，同时用户的阅读体验感也会被提升。

2）劣势：图片过多会使得文章的篇幅过长，用户在阅读时会耗费更多的流量。

（4）精彩动人的视频内容。视频内容形式是指移动电商运营者可以把自己要向用户表达的信息拍摄成视频短片，展现给广大用户群体观看。视频内容形式的优劣分析如下：

1）优势：视频中的内容更具备即视感和吸引力，能快速吸引用户。

2）劣势：用户需要花费的流量会增加，提高了用户的阅读成本，文章点击量会受到一定的限制。

2. 掌握不同领域的内容打造方法

在清楚了移动电商的四种内容展现方式之后，商家还需要了解一些不同领域内容的打造方法，全方面掌握多个领域的内容打造方法，如图3-3所示。

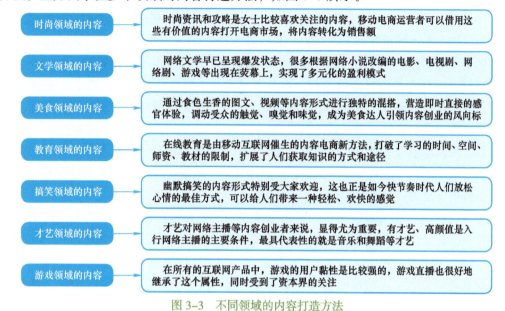

图3-3　不同领域的内容打造方法

（三）移动电商的内容优化

移动电商运营者要想让自己的营销活动获得成功，就需要提供有价值的内容。要创作出有价值的内容，移动电商运营者就要掌握内容的优化方法。下面介绍优化内容需要掌握的一些技巧，帮助大家更好地提高自家产品的关注度。

1. 体现品牌的价值和理念

移动电商运营者要懂得打造有内涵的内容，也就是用吸引人的内容来体现品牌的价值和理念。一篇优质的内容，不应该局限在表面形式上，更应该注重内在的情怀，如图3-4所示。

图3-4　内容电商的内涵属性特点

在体现内容的内涵方面，移动电商运营者必须将自身的品牌内涵特征和内容巧妙地融合在一起，让用户为之心动，并对品牌产生兴趣。

例如，某知名的洗发水品牌在妇女节期间别出心裁，摒弃了同类品牌常用的一些口号，如"洗发水纯天然""无添加""柔顺""有弹性"等，同时也不再用降价、特卖等促销方式，而是在其微信公众平台中推送了一篇《女生节，你就该对自己好点》的文章。

从此案例中可以发现，善于将产品故事化，从故事中体现产品深刻的价值，并激发用户对美好事物的向往，能够让用户产生心灵上的共鸣。

2. 寻找用户最想要的内容

移动电商运营者在运营内容的过程中，必须掌握一个至关重要的原则，那就是内容要贴近用户的需求，最好能挖掘一些年轻人追求的内容。当下是年轻人的世界，只有那些满足年轻人主流群体喜好的内容才能获得人们的广泛认可，才能在移动电商中抢占重要地位。

众所周知，在不同行业里，不同的产品经营方式也有很大的不同。移动内容电商营销，并不适用于所有的行业和产品，因此做好产品服务特色定位也是至关重要的一环。

移动电商运营者要做好营销内容，就必须深入地了解自己的产业特色、产品特色和品牌定位，有针对性地进行产品服务定位。例如，手机生产商，就应该根据手机的功能，锁住不同年龄层的用户，进行一对一宣传。

例如，和其他手机品牌的"广撒网"方针不同，小米手机巧妙地避开了与同行的竞争劣势，精准地定位了自己的客户群——将目标瞄准年轻一族，把握好年轻人的心理特征，然后打造出了属于自己的产品服务特色。

如今，内容已经成为非常火热的营销工具之一，要想抢占内容电商高地，在众多同质化的内容中脱颖而出，就必须打造出独具特色的内容电商平台。那么怎么打造特色化的内容电商平台呢？

移动电商运营者可以给自己的内容电商平台进行差异化的产品和服务定位。差异化的产品和服务定位首先需要对竞争对手有一定的了解，然后分析自己与竞争对手的优劣势，最终分析出属于自己企业的特色服务。除了从竞争对手角度出发，还要从目标用户的角度提炼用户喜爱的差异化的服务。如果企业的差异化服务不是用户所需要的，那么即使提炼出来了，也不会有太大的意义。

3. 充分打造多种类型的产品

很多优质内容都具有强大的可扩展性，其衍生的产品会入驻淘宝、天猫及京东等综合电商进行直营销售。将优质内容和移动电商相结合，可以让衍生品做得更多、领域更广。

很多自媒体、人物 IP 的电商运营主要建立在内容制造的基础上，而内容的传播则要依靠互联网强大的分享功能。当内容被引爆时，流量就自然来了，此时才有可能为移动电商带来更多的转化率。

总之，内容的运营对移动电商运营者来说是至关重要的，它是实现变现的重要渠道，关乎电商企业的生存发展。

4. 唤起和满足用户的情感需求

在内容营销中，情感的抒发和表达已经成为新时代的重要媒介，一篇有情感价值的文章往往能够引起共鸣，从而提高消费者对品牌的归属感、认同感和依赖感，引发消费者的感性消费，具体介绍如图 3-5 所示。

图 3-5　情感包装对内容电商模式的作用

情感消费需要和消费者的情绪挂钩。优质的互联网内容主要是通过文字、图片和视频等组合打造出一篇动人的故事，然后通过故事引发用户的情绪。可以说，情感消费是一种基于个人主观想法的消费方式。这部分消费者，最关注自己的精神世界。因此，电商用情感包装内容时，需要打造富有感染力的内容，尽量达到以下三个方面的作用。

（1）与用户有相同的思想感情。
（2）能启发用户的智慧和思考。
（3）具备能够产生激励用户感情的作用。

那么情感该从哪些方面挖掘呢？我们给出四个方面的建议，这四个方面的建议包括亲情、友情、爱情、情感需求。亲情、友情、爱情是人们常谈的三种感情，而情感需求则是指除了亲情、友情、爱情之外的所有情感因素。人的情感是非常复杂的，不论满足人们的哪种情感或情感需求，都能走进消费者的内心，帮助电商企业实现内容营销的目的。

5. 持续输出提高粉丝的黏性

如今，大部分成功的移动电商都经营了三年以上，这些移动电商通过连续性、高频次的内容输出，获得了粉丝的持续关注，提高了粉丝的黏性。

因此，不管是微博还是微信等新媒体平台的内容营销，都要有持续性，即定时、定量、定向地将内容发布出去，让已有粉丝坚持关注自己，并且还能有效地传递给潜在消费者，激发他们的购买欲望。

6. 找到消费者的基本刚性需求

在各种电商平台上，都充斥着很多可有可无的产品，这些产品自然难以吸引消费者下单。对此，移动电商运营者可以借用内容营销来把握消费者的痛点，让消费者欲罢不能。到底什么是痛点呢？如何找到消费者的痛点并彻底解决这些痛点呢？具体如下：

（1）痛点定义：消费者最迫切的需求。
（2）解决方法：市场调查升级已有产品的功能，深入研究产品，预测并制作符合用户痛点的新产品。

击中要害是把握痛点的关键所在，因此移动电商运营者要从消费者的角度出发来设计产品，并多花时间去研究找准痛点。消费者的痛点，也许是产品的价格，也许是产品蕴含的文化价值和精神内涵。这些都可以从淘宝排行榜的各种榜单数据中去挖掘，并以此改变移动电商内容营销的策略。

（四）移动电商的内容推广

运营者在创作好了优质的内容之后，并不等于一定会有用户为内容付费。运营者还需要推广自己的内容，用内容换取利润。下面介绍内容电商的推广技巧，帮助大家更好地推广自己创作的内容和产品。

1. 事件营销

事件营销就是通过对具有新闻价值的事件进行加工，让这一事件带有宣传特色继续得以传播、推广，从而达到实际的广告效果，如图3-6所示。

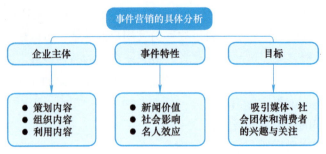

图 3-6　事件营销的具体分析

事件营销能够有效地提高企业或产品的知名度、美誉度等,优质的内容甚至能够直接让移动电商企业树立起良好的品牌形象,从而进一步促进产品或服务的推广营销。

创新推广营销活动策划只是成功的第一步,有效的用户转化才是移动电商企业通过事件营销要达到的实际效果。在实际应用中,由话题引起的事件营销往往具备多种其他渠道没有的特点,如图 3-7 所示。在将话题转为自身品牌建设之后,就可以通过不同的渠道进行影响力拓展,尤其是微信公众号和 App 等新媒体渠道。

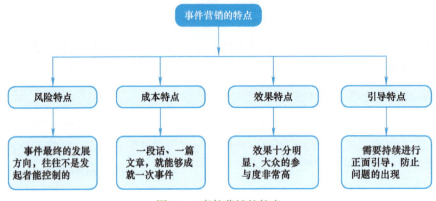

图 3-7　事件营销的特点

2. 内容包装

移动电商运营者要实现内容的电商化,首先要学会包装内容,给内容带来更多的曝光机会。对此,移动电商运营者可以借助拥有大量粉丝的明星和大 V 博主进行内容营销,来实现更好的营销效果。具体来说,借助明星光环进行内容营销的优势,如图 3-8 所示。

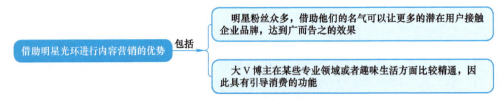

图 3-8　借助明星光环进行内容营销的优势

3. 内容造势

虽然一个企业或个人在平台上的力量有限,但这并不能否定其内容的传播影响力。要想让目标群体全方位地通过内容了解产品,比较常用的方式就是为内容造势。

对企业来说，在新媒体平台上的内容与标题最好具有奇特性，给受众传递轰动、爆炸式的信息。在这个媒体泛滥的年代，要想从众多新颖的内容中脱颖而出，就要用语出惊人的方式吸引受众。

4. 展现卖点

如今是一个自媒体内容盛行的时代，也是一个内容创作必须具有互联网思维的时代，更是一个碎片阅读，要爱就要大声说、要卖产品就要大声卖的年代。

做移动电商内容运营，如果没有表达清楚卖点、怎么卖、在哪里卖的问题，那么内容运营不会成功。

移动电商要制作的内容不是简单的美文，也不是纯粹的小说，更不是论坛上的八卦新闻。移动电商要通过内容营销来达到销售目的，所以如何激发用户的购买力，才是内容创造唯一的出路。

以某篇名为《这款手表，能让你"触摸"时间》的文章为例，从标题中就可以看出这篇文章对手表卖点的阐述："能让你'触摸'时间"。另外，文章内容中首先介绍了传统的石英手表的不足之处，然后以此来引出这款手表的一些卖点，包括钛金属材料、移动的磁性球代替指针、名字的由来以及众筹等。它的主要用户是视障人士，这些人是无法看到时间的，因此得出了"能让你'触摸'时间"的卖点。

移动电商内容营销的目的，就是达成销售，所以如何激发消费者的购买力，才是内容创造唯一的出路。移动电商内容的关键点切入，便是产品的卖点，包括用户痛点、购买赠送、数量有限等。如果移动电商运营者将产品的卖点展现得淋漓尽致，消费者又怎能不心动呢？

同时，在这个案例中，我们也可以看到很多互联网思维的创意，如体现市场层面的众筹，它主要是通过互联网向网友募集项目资金的一种方式，可以为那些有好创意却缺少资金的人带来不小的帮助。

5. 情景诱导

内容只有真正打动用户的内心，才能吸引他们长久关注，也只有那些能够留住与承载用户情感的内容才是成功的。在这个基础上加上移动电商元素，就有可能引发更大、更火热的抢购风潮。

内容电商的内容并不只是用文字等形式堆砌起来就可以了，而是需要用平平淡淡的内容拼凑成一篇带有画面的故事，让用户能够边看边想象出一个与生活息息相关的场景，才能更好地勾起用户继续阅读的兴趣。简单点说，就是把产品的功能用内容体现出来，不是告诉用户这是一个什么产品，而是要告诉用户这个产品是用来干什么的。

情景式的内容能够推动消费者的购买欲。一般来说，移动电商运营者通过以下两种方式策划情景式的内容。

（1）特写式。在内容中，将特定场景中具有代表性、特征性的典型情景集中、细致地突显出来。

（2）鸟瞰式。在内容中，较全面地写出特定场景的景象和气氛，构出一个完整的艺术画面。

6. 互动营销

内容互动性是联系用户和企业的关键，企业推送内容或者举办活动，最终的目的都是和用户交流。内容的寻找和筛选对用户与用户的互动起着重要的作用。内容体现价值，才能引来更多粉丝的关注，而且和粉丝的互动情况也是内容质量的一个判断依据。

移动电商运营者可以通过各种新媒体平台或者社交平台，发起一些有趣的活动，以此来调动用户参与活动的积极性，从而拉近与用户的距离。除了发布活动之外，还可以通过其他方式与用户进行互动。例如，通过问卷调查了解用户的内在需求，通过设置各类专栏与用户展开积极的互动等。

除了用户与企业或产品之间的互动之外，App 还可以提供用户之间的互动，同样能够促进平台上内容的产生，并且让用户保持长期的使用习惯。企业可以将互动信息和内容营销结合起来进行推广，单纯的互动信息推送没有那么多的趣味性，如果和内容相结合，就能够吸引更多的人参与互动活动。

移动电商运营者还可以设置简单的游戏，与用户进行交流互动。互动游戏的主要特点是可以有效地激发用户的兴趣，提升品牌形象。

> ▶ **专家提醒**
>
> 企业也可以采用 UGC（User Generated Content，用户生产内容）的内容模式，调动全体网民的积极性，挖掘集体的智慧，共同将某些内容进行完善与补充。在内容电商中，这种互动方式不但可以扩大内容的来源范围，而且能够实时展现粉丝的动态。

三、任务实施

任务目标

通过本任务实训，让学生快速掌握移动电商的内容策划方法，学会独立制作移动电商的内容策划方案。

实训任务

以某品牌的"双 11"电商节为例，制作一份切实可行的移动电商内容策划方案，熟悉移动电商内容策划的各项工作。

实施步骤

第一步，确定要进行移动电商策划的品牌名称，如果已经运营了一个品牌，可以选择自己的品牌；如果没有运营品牌，可以选择具有一定知名度的国产品牌。

第二步，确定"双 11"电商节的基本内容，包括活动的时间。

第三步，优化"双 11"电商节的活动内容，提升其对用户的吸引力，如确定抽奖、满减和赠品的方案。

第四步，根据移动电商内容的四种展现形式，打造移动电商内容，并适当突出其中对用户吸引力大的内容。

第五步，列出该电商节适合运用的内容推广方法，如展现卖点、情景引导和互动营销等，并在此基础上提出具体可实施的推广方案。

第六步，制定一张表，填写上述步骤中确定的内容，直观地展示移动电商内容策划的重要信息，见表3-1。

表3-1 移动电商"双11"电商节内容策划的重要信息

品牌名称	基本内容	优化内容	展现形式	推广方案

四、知识巩固

1. 在移动电商的运营过程中，产品才是关键，内容的打造不重要。（判断题）（　　）
   A．对　　　　　　B．错
2. 移动电商运营者可以根据自身所处的领域，选择不同的内容打造方法。（判断题）
   （　　）
   A．对　　　　　　B．错
3. 移动电商的内容展现形式主要包括以下哪几种？（多选题）（　　）
   A．文字式　　　B．图片式　　　C．图文结合式　　　D．视频式
4. 以下哪些属于移动电商的内容优化方法？（多选题）（　　）
   A．体现品牌的价值和理念　　　　B．寻找用户最想要的内容
   C．唤起和满足用户的情感需求　　D．充分打造多种类型的产品
5. 下面哪些属于移动电商的内容推广方法？（多选题）（　　）
   A．内容造势　　B．内容包装　　C．事件营销　　D．展现卖点

五、课外训练

对移动电商平台来说，现在各种节日都是不错的销售时机，如果内容策划做得好，就可以取得不俗的销售业绩。

因此，商家如果要成为一名合格的移动电商运营者，就需要懂得针对国内多个重大的节日，如元宵节、端午节、中秋节和国庆节等，分别制作合适的移动电商内容策划方案。

任务二　移动电商活动运营策划

大部分移动电商运营者会通过相关活动来对企业、店铺或产品进行推广和引流。因此，要想增强推广和引流的效果，就要对活动进行一番策划。

移动电商活动策划看起来很容易，其实里面有一些要点和技巧。如果移动电商运营者掌握了，那么在策划活动时将变得事半功倍。

学习目标：
◎ 了解移动电商活动策划的类型
◎ 了解移动电商活动策划的要点

◎ 掌握移动电商活动策划的技巧

◎ 学会独立完成一场活动策划

一、任务描述

案例描述

就在五一劳动节到来之际，小马的团队接到了一个新项目：为某移动电商品牌策划一场活动。因为小马刚入职不久，还未做过类似的活动策划，所以团队负责人希望小马可以试着独立进行一场活动策划。

活动策划真正做起来并不是一件容易的事，更何况没有这方面的经验。因此，当小马听到团队负责人的话之后，有些犯难了。虽然他也想好好表现，但是他对活动策划所知甚少，时间又比较紧，如果把握不住重点，策划方案很可能达不到要求。

问题分析：

不了解移动电商策划的人，怎么策划合格的移动电商活动呢？移动电商策划有哪些要点？在策划的过程中有哪些实用的技巧？

二、知识准备

之所以要对活动进行策划，就是为了让活动变得有意义、能为企业达到某些营销宣传目的。活动从开展到结束，这个过程中的人员配备、活动地点、活动宣传等方面都是需要一定的成本的。如果移动电商运营者不进行策划就开展活动，那么很可能出现活动成本增加的情况，导致活动效果不明显，只能是"赔了夫人又折兵"。

（一）移动电商活动策划的类型

所谓的活动策划，其实就是一种市场策划案，它属于文案，但与文案存在一定的区别。文案仅限于文字的表达，而活动策划是一种为活动而进行的文字策划，除了用文字表现之外，还需要在实际生活中进行兑现、实操。

一个好的活动策划，可以进行品牌推广、提高企业声誉，更是提高市场占有率的有效行为。一般来说，活动策划大致分为两类：盈利目的型、宣传推广型。

不管企业进行哪种营销活动，其最终目的都是以盈利为主，由此，盈利目的型活动策划被不少移动电商企业重视。盈利目的型活动策划的目的并不单一，它具有主次分明的目的，只要运用得当，定能引起消费者的关注，勾起消费者的购买欲望。

开展盈利目的型活动的动机无非是为了提升销售业绩与品牌知名度等，因此企业在策划此类活动时，营销目标通常至少包括三点：产品销量、品牌美誉度、企业知名度。

活动策划者在策划盈利目的型活动时，应以大众感兴趣、关注的事物为主题，从侧面突出企业产品或品牌，这样能大大提高企业产品的知名度和美誉度。

一般来说，活动策划者通过三个步骤，即可有效策划盈利目的型活动，具体内容如下：

第一步，想出能吸引消费者的活动主题。活动策划者可以从三个方面入手，即消费者感兴趣的方面、消费者关注的方面、消费者有需求的方面。

第二步,明确盈利目的型活动的主要产品。活动策划者可以根据活动策划出相对应的产品。

第三步,明确盈利目的型活动策划的定位。活动策划者可进行产品定位、价格定位、市场定位、活动渠道定位、营销手段定位。

(二)移动电商活动策划的要点

在移动电商活动的策划过程中有几个要点,运营者需要根据要点来进行活动的策划工作。

1. 构思活动的总体方案

移动电商运营者在进行活动策划之前,需要将活动的总体方案简单策划出来,形成一个大体的活动雏形,为后续工作提供有效方向。一般来说,在活动总体方案中至少要列出七个事项,如图 3-9 所示。

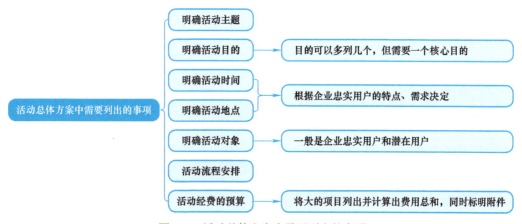

图 3-9　活动总体方案中需要列出的事项

在进行活动策划之前,活动总体方案无须太过详细,不要花太多的时间在策划活动前的准备上,只需满足三个要求即可,即内容简单易懂、内容无须过多、方案要素必须全面。

2. 估算活动的具体花费

活动策划者需要将活动的经费去向罗列清楚,只有这样才能把控好活动经费的支出情况,也能让企业管理者快速了解活动经费的去向,从而放心地将活动经费交给活动策划者。活动策划者需要根据活动类型、活动项目、企业具体情况来制作真实、合理、详细的活动整体预算表。活动策划者在制作活动整体预算表时,需要遵循以下四个原则,具体如图 3-10 所示。

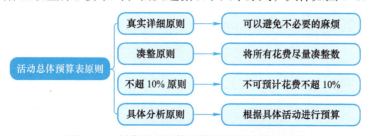

图 3-10　制作活动整体预算表需要遵循的原则

3. 确保活动的真实可行

制定活动工作安排表也是活动策划者需要关注的问题，更是活动策划不可缺少的一环。活动策划者需要将工作落实到三个部分，即合适的人、合适的部门和具体完成时间。只有把这三个部分掌握好，才能制做好工作安排。

一般来说，活动工作安排表包括两个部分：第一部分是前期的准备工作，第二部分是当天的工作安排。

需要注意的是，活动策划者在进行工作安排时，最好将时间安排到分钟，越精确越好。这样可以缓解工作落实慢的问题，避免活动当天出现突发状况。

4. 确定活动的具体流程

在活动策划中活动的具体流程也是一个重点，活动策划者需要将活动当天的流程安排到位，并且要将它一一列举出来，让领导、操作人员知道活动的整体流程。这样活动才会更严谨，更容易举办成功。

以某移动电商品牌的新品发布会为例，我们可以来了解一下活动的具体流程，见表3-2。

表3-2 活动的具体流程

活动名称	某产品新片发布会	
活动主题	将某新产品正式向外推广	
活动开始时间	2023年6月15日下午13:30	
事件	时间	具体描述
签到	2023年6月15日 13:30～14:00	记录参会媒体
主持人开场白	2023年6月15日 14:00～14:45	主持人上台＋轻音乐
节目	2023年6月15日 14:45～15:15	小型音乐会
介绍产品	2023年6月15日 15:15～16:15	介绍新产品的性能、生产背景等内容
主持人谢幕	2023年6月15日 16:15	发布会结束

5. 对活动效果进行评估

在活动结束之后，最好制作一个评估调查问卷，向员工、参与活动的媒体发放，了解他们对活动的满意度，以便为以后的活动策划提供思路。活动策划者在制作评估调查问卷时，需要明确以下两个方面的内容，即评估的目的与评估的内容。

活动策划者需要根据评估目的来进行评估内容的制定，常见的就是对整个活动进行评估，然后找出活动整体开展过程中的优缺点，积累经验。这样以后的活动将会更加完善。

一般来说，活动策划者可以从四个方面对活动进行有针对性的评估，具体内容如图3-11所示。

图3-11 活动评估的内容

6. 制定活动的备用方案

活动策划的总方案至少要在活动开展前 1 个月策划好。由于无法预测活动当天发生的事情，所以活动策划者需要做出一份活动备用方案，应对变化带来的难题。一般来说，活动备用方案与活动总方案大致相同，只是为了应对一些不可控制的因素而制定的方案。

例如：总方案的活动场地在室外，可能活动当天会下雨，则可以在备用方案中将活动场地改成室内或者是在室外加一个雨棚；有可能在活动当天遇到情绪比较激动的观众，需要有应对的话术，或者聘用保安来维护现场安全等。

（三）移动电商活动策划的实用技巧

活动策划者在进行活动策划的过程中，千万不要凭感觉来策划活动，这样策划出来的活动有效性是非常低的。下面讲述活动策划时的实用技巧，让活动策划者在策划活动的过程中少走一些弯路。

1. 七个操作原则

活动策划者在进行活动策划工作时，一定要以可进行操作原则为基础，这样才能策划出一个好的活动。

（1）积极参与性原则。积极参与性原则是指活动策划者在进行活动策划的过程中，需要将强参与性嵌入活动中，让受众积极参与活动。这样既能调动受众的情绪，聚焦人气，又能拉近受众与企业品牌之间的距离。那么该如何策划出一个遵循积极参与性原则的活动呢？大家可以参考三点，即在活动中嵌入互动游戏、向受众提供有价值的奖品、从消费者情感入手制定活动。

（2）"草船借箭"原则。"草船借箭"原则其实就是"借势"原则。它是指借助热点时事，作为策划活动的思路。活动策划者可以从三个方面实现"草船借箭"原则：一是借公众大势，即借助国家大事，如公益项目、国家热点新闻等；二是借助自己的优势；三是借助娱乐方面的热点事件，如某热门综艺节目上的某活动。

（3）吻合主题性原则。吻合主题性原则是指策划出来的活动需要与主题吻合，千万不要脱离了主题，不然活动毫无意义。除此之外，活动中的所有节目气氛都需要与设定的主题相符，不然很容易脱离主题。

例如，举办一场新产品发布会活动，若在活动中加入太搞笑的节目，则与主题气氛不相符合，很容易偏离主题，届时受众可能只会记住搞笑节目的笑点，而不会记住新产品的产品优点、性能等。

（4）可进行操作原则。可进行操作原则是指策划者策划出来的活动方案，必须具有五种特点，即从实际出发、从科学出发、可操作性强、具有前瞻性、具有吸引力。

一般来说，确定一份活动策划是否具有可操作性，应该从以下三个方面进行分析，具体内容如图 3-12 所示。

图 3-12 可操作性的三个方面

（5）体现创新性原则。如今，企业利用活动进行营销已经很常见了。由此，活动策划者需要遵循体现创新性原则，创新是第一动力，在活动中嵌入一些能让人们感到新意十足的内容，可以大大提升活动对人们的吸引力。

那么，怎样才能体现创新性原则呢？体现创新性原则必须站在科学实践、求真务实的基础上。这个基础能够展示企业的先进生产方向、展示企业的先进文化方向、能让企业收获利益，并且还容易吸引受众。同时它还包含 3 个特点，即可行性强、实用性强和新颖性强。

值得注意的是，活动策划中的创新指的绝对不是标新立异、随意策划，要注意三个要点，即在合法的基础上建议新颖、在合理的基础上进行创造、在合情的基础上创造新意。活动策划者在遵循体现创新性原则的同时，还要注意三个事项，具体如图 3-13 所示。

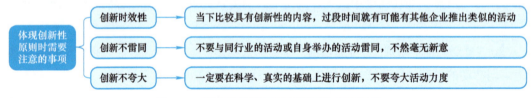

图 3-13 体现创新性原则时需要注意的事项

（6）精准针对性原则。精准针对性原则是指活动策划者在进行活动策划的过程中，需要明确内容策划方向、策划定位以及具体目的，根据这些因素进行精准的、有针对性的策划，这样策划出来的活动才更具有可操作性。

一般来说，活动策划者在进行活动策划工作的过程中，针对三个因素即可实现精准针对性原则，即活动主体、活动目的与受众对象。

（7）把握宣传性原则。活动策划者不只是将活动策划方案拟好就可以了，还需要考虑活动宣传这一环节。一个好的活动策划，要有一个好的活动宣传来"号召"受众才有用。不然会出现"空有一身好本领却无用武之地"的状况。

因此，活动策划的原则中，才会有把握宣传性原则的出现。活动策划者可以从三个方面来进行活动宣传的把握，一是从时间上把握，保证宣传在时间上的完整性；二是从活动亮点上把握，用亮点吸引受众的注意力；三是从固定宣传上把握，选择几个固定的宣传载体。

2. 四个撰写要求

活动策划者在进行活动策划的过程中,还需要撰写活动策划书,下面介绍活动策划书常见的四个撰写要求。

(1)活动的名称。在策划书上,活动名称主要包含三点内容,即时间、地点与活动主题。例如,2023 年 12 月 12 日的"双 12"电商节活动策划。

(2)活动的主题。在活动策划书上一定要明确活动的主题,不然企业管理者就不能快速抓住重点。一般来说,叙述活动主题最好控制在 300 字以内,要包括活动的目的、意义,要用最精简的语言,让企业管理者快速了解整个活动的核心内容。

(3)活动的开展。在活动策划书中活动的开展包括四个部分,如图 3-14 所示。

(4)活动的要求。在活动策划书的结尾部分,详细写出整个活动的要求,即举办活动的注意事项,避免开展活动时出现可控性的错误。

图 3-14　活动开展包含的内容

3. 四个策划规则

一些活动策划新手,在进行活动策划工作时总会遇到各种大大小小的问题,随着问题的积累,也容易备受打击,甚至出现了自我贬低的情况,这是不可取的。对此,活动策划新手可以先了解活动策划的规则,为自己增加一些信心。

(1)只需要一个主题。活动策划者在进行活动策划工作时,只需要确定一个主题,并围绕此主题展开活动策划,千万不要在一个活动中嵌入多个主题,这样策划出来的活动可操作性非常低,是没有任何意义的。一般来说,活动的主题可以从三个方面来确定,即从企业实际情况出发、根据市场发展情况进行确定、围绕目标受众的需求。

(2)直接说出利益。一个好的活动策划,一般都会将对受众有利的方面直截了当地告诉受众,这样更容易让受众受到活动的渲染。例如,举办一场优惠促销活动,那么就需要在宣传过程中,让受众了解到优惠力度,这样就比较容易激发消费者的购买心理。

(3)考虑执行能力。活动策划者在进行活动策划的过程中,需要从三个方面把控好活动是否具有执行能力,即考虑执行人员的情况、考虑活动安排周全、考虑外部环境问题。

(4)转化活动类型。活动策划者千万不要只盯着一种活动类型进行策划,要转换活动类型,这样才能学会判断在正确的时间上运用正确的活动类型,并且大大地提高活动的可执行力,以及策划者的策划能力。

4. 两个注意事项

活动策划者在进行活动策划的过程中,很容易遇到一些问题,下面介绍一些注意事项,让活动策划者规避一些问题。

(1)明确受众对象。活动策划者在进行活动策划之前,一定要明确受众对象,并且围绕活动受众的需求、喜好来进行活动策划工作。

(2)明确活动阶段。一般来说,活动都包括三个阶段,具体如下:

第一阶段:铺垫期。活动策划者要想办法勾起受众的兴趣,慢慢传播,促使他们产生期望。

第二阶段：执行期。活动策划者必须调动受众的参与积极性，用活动亮点吸引用户。

第三阶段：降温期。活动策划者充分向受众灌输活动目的，促使活动策划目的的达成。

5. 三种基本素质

活动策划者在进行活动策划的过程中，需要具备以下素质。

（1）具有创新思想。活动策划者需要具有创新思想，这样才能让自己策划出来的活动更有亮点。创新思想主要有四个作用，即创造新活动、激发全新的思维、为产品宣传带来新意、为产品开发新的市场。

（2）具有很强的协调能力。活动策划者是整个活动的"指挥员"，需要具有较强的协调能力，才能与其他人员交流，才能保证活动正常运行。那么，活动策划者的协调能力在活动中怎么体现呢？一般有三个方面，即给予活动举办人员鼓励、及时向企业管理者反馈在活动中出现的问题、预算超支与企业管理人员进行交流。

（3）心理素质需要足够强大。对活动策划者来说，良好的心理素质是必备的，特别是在处理突发事件上，也考验活动策划者的心理承受能力。活动策划者在心理素质方面需要做到三点。

（1）遇事需要乐观积极。

（2）遇到麻烦或失败需要有较强的心理承受能力，并且可以冷静处理。

（3）必须要有绝对的自信。

三、任务实施

任务目标

通过本任务实训，让学生快速掌握移动电商的活动策划方法，学会独立策划活动方案。

实训任务

以某店铺的五一劳动节活动为例，制作一份移动电商活动策划方案。

实施步骤

第一步，根据五一劳动节的性质，确定本次移动电商活动的主题，如可以将奖励辛勤劳动作为主题。

第二步，根据活动主题，确定活动的基本信息，如活动的目的、时间、地点、对象和相关项目的负责人。

第三步，做出活动的流程安排，确定各流程的具体时间。

第四步，根据前三步的内容，估算本次活动策划的成本，并确定初步的活动方案。如果活动成本超出了预期，可以适当对前三步进行调整，例如可以适当减少活动的流程。

第五步，对完成的初步活动策划进行评估，并在此基础上进行调整和优化，确定最终的活动方案。

第六步，制作备用活动方案，以备不时之需。

第七步，根据上述内容制作五一劳动节活动信息统计表，将重点信息分别展示出来，见表3-3。

表 3-3　五一劳动节活动信息统计表

活动主题	基本信息	具体流程	成本估算	活动评估	备用方案

四、知识巩固

1. 活动策划只要确定活动的总体方案就行了，具体执行时可以随机应变。（判断题）
（　　）
　　A．对　　　　　　B．错
2. 活动总体方案只需满足内容简单易懂、内容无须过多、方案要素必须全面这三个要求即可。（判断题）（　　）
　　A．对　　　　　　B．错
3. 活动策划者在制作移动电商活动整体预算表时，需要遵从哪些原则。（多选题）
（　　）
　　A．真实详细原则　　B．凑整原则　　　C．不超 10% 原则　　D．具体分析原则
4. 以下哪些属于活动策划的规则？（多选题）（　　）
　　A．只需要一个主题　B．直接说出利益　C．考虑执行能力　　D．体现创新性
5. 活动策划的撰写要求主要体现在哪些方面？（多选题）（　　）
　　A．活动的名称　　　B．活动的主题　　C．活动的开展　　　D．活动的要求

五、课外训练

除了五一劳动节之外，在国内的许多重大节日期间，大部分移动电商是需要举行相关活动的。因此，大家可以选取其他节日，如元宵节、中秋节、七夕节等，分别做一份移动电商活动方案。

任务三　移动电商推广渠道选择

在移动电商运营过程中，对品牌、店铺和产品进行推广和宣传是有必要的。通常情况下，推广和宣传的渠道越多，获得的效果也越好。

因此，在进行宣传推广时，移动电商运营者可以同时选择多个渠道进行推广，让更多用户看到宣传推广内容。

学习目标：
◎ 了解不同类型推广平台的特点
◎ 根据平台的特点选择合适的推广渠道

一、任务描述

案例描述

小马虽然入驻了几个移动电商平台，但是入驻之后，店铺的流量却很少，店铺的销量

自然也就难以得到保障。为了改变这种现状，小马决定通过多渠道推广来提升店铺的流量。

然而，尽管小马在多个平台上开设了账号，并且通过发布文章、短视频等方式对自己的店铺进行了宣传，但是取得的效果不是很明显，他也不知道问题究竟出在了哪里。

问题分析：

请问，小马的推广未取得明显的效果可能有哪些原因？适合小马进行宣传推广的渠道有哪些？

二、知识准备

在移动电商运营过程中，移动电商运营者可以根据自身需求，同时在多个渠道上进行宣传推广。当然，不同类型的平台有不同的特点，移动电商运营者可以根据平台的特点选择适合的推广渠道。下面介绍几种常见的推广平台，为大家的推广渠道选择提供更好的参考。

（一）视频平台推广

视频相比文字、图片在表达上更直观。随着移动互联网技术的发展，视频（包括短视频）成为时下热门的领域之一。借助这股东风，抖音、快手、爱奇艺、优酷、腾讯视频、搜狐视频等视频平台获得了飞速发展。

随着各种视频平台的兴起与发展，视频营销也随之兴起，并成为广大企业进行网络社交营销经常采用的一种方法。商家可以借助视频营销，近距离地接触目标群体，将这些目标群体开发为自己的顾客。

视频背后庞大的观看群体，就是商机的潜在顾客群。如何将这些视频平台的用户转化为店铺或品牌的粉丝，才是视频营销的关键。对商家来说，比较简单、有效的视频推广方式便是在视频平台上发布与品牌、产品相关的视频。

小米手机在抖音短视频平台上发布的短视频，如图 3-15 所示。由此可见，小米通过发布短视频对旗下的产品进行宣传推广。

图 3-15　小米手机在抖音短视频平台上发布的短视频

（二）直播平台推广

近年来直播领域获得了快速发展，许多电商平台和短视频平台推出了直播功能。对此，移动电商运营者可以同时入驻多个直播平台，并借助这些直播平台推广自己的品牌、店铺和产品。那么，入驻直播平台之后，要如何进行运营推广呢？下面介绍一些直播的运营推广技巧。

1. 直播通知

在进行直播前，移动电商运营者要做好直播通知，让粉丝知道直播的时间。如果没有及时通知，那么很多粉丝可能会错过直播。在进行直播通知时，移动电商运营者可以运用以下几种工具：小喇叭公告、小黑板和群消息等。另外，为了让更多粉丝看到直播通知，移动电商运营者可以利用上新预告来进行通知，也可以将直播信息推送到广场。

2. 直播标题

直播的标题要对用户有吸引力，如果是售卖产品的直播，可以重点突出产品卖点、明星同款、当下流行或其他元素等。例如，特卖、清仓、××同款和高级感等。此外，直播标题还要根据直播的风格来选取相对应的词汇。

3. 粉丝分层

以淘宝直播为例，移动电商运营者可以在直播设置中点击"粉丝分层"选择适合的规则，而观看直播的用户则会根据规则进行分层。

例如，移动电商运营者可以将规则设置为：每日观看直播、发布一则评论之后，分别增加2分；关注主播、观看时长超过4分钟增加5分；点赞和分享次数达到×次可增加不同数值的积分等。

4. 观看奖励

移动电商运营者可以根据观看时长设置奖励，当用户观看直播达到对应时长之后，便可获得小额红包、优惠券和赠品等福利，以此吸引用户持续观看直播。当直播间的气氛达到一定程度时，移动电商运营者可在直播间进行抽奖。抽奖可以每15分钟进行一轮，也可以按照其他时间有规律地进行抽奖。

5. 直播内容

主播在进行产品推广时，可以利用故事进行介绍，也可以将产品与其他同类产品进行对比，更好地突出产品的优势，还可以采取饥饿营销，调动用户的积极性。

主播直播时的精神一定要饱满，可以用热情打动用户。在进行产品讲解时，主播需要耐心介绍产品的功能并且进行相关操作示范，以减轻用户的操作难度，让用户更容易掌握操作流程。

（三）音频平台推广

音频内容的传播适用范围很广，跑步、开车甚至工作等多种场景，都能在悠闲时收听音频节目，因此音频比视频更能满足人们的碎片化需求。对移动电商运营者来说，利用音频平台来宣传推广电商平台和产品，是一条很好的营销思路。

音频营销是一种新兴的营销方式，它主要以音频为内容的传播载体，通过音频节目运营品牌、推广产品。随着移动互联网的发展，以音频节目为主的网络电台迎来了新机遇，与之对应的音频营销也进一步发展。音频营销的特点具体如下：

（1）闭屏特点。闭屏特点能让信息更有效地传递给用户，这对品牌、产品推广营销而言更有价值。

（2）伴随特点。相比视频、文字等载体而言，音频具有独特的伴随属性，它不需要视觉上的精力，只需双耳在闲暇时收听即可。

下面以"蜻蜓FM"为例，进行说明。"蜻蜓FM"是一款强大的广播收听应用，用户可以通过它收听国内、国外等数千个广播电台。而且"蜻蜓FM"具有一些特殊的功能特点，如图3-16所示。

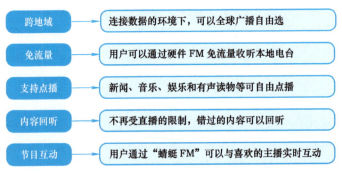

图3-16 "蜻蜓FM"的功能特点

在"蜻蜓FM"平台上，用户可以直接通过搜索栏寻找自己喜欢的音频节目。对此，运营者只需根据自己的内容，选择热门关键词作为标题便可将内容传播给目标用户，并在音频的开头对移动电商平台和相关产品进行简单介绍。

在"蜻蜓FM"平台搜索"视频运营"后，便出现了多个与之相关的内容，如图3-17所示。移动电商运营者如果在音频中介绍了自己的电商平台，而音频内容又比较有价值，用户可能就会去查看其电商平台。

图3-17 "蜻蜓FM"中"移动电商"的搜索结果

移动电商运营者应该充分利用用户碎片化需求，通过音频平台来发布产品信息广告。音频广告的运营成本比较低，而且受众通常比较精准，可以说是非常适合中小移动电商平台长期推广的。

例如，做餐饮的移动电商运营者，可以与"美食"相关的音频节目组合作。因为这些节目通常有大批关注美食的用户收听，所以广告的精准度和效果会比较好。

（四）图文平台推广

现在许多人有浏览图文信息的习惯，有的人甚至还关注了一些图文类平台的账号。正是因为如此，一些热门的图文类平台上始终聚集着大量用户。其中比较具有代表性的平台包括微信公众号、今日头条和微博等。

对此，移动电商运营者可以在图文类平台上运营自己的账号，吸引用户的关注，然后通过发布推广信息，让更多用户看到移动电商平台和产品，将图文类平台的用户转化为顾客。有需要的移动电商运营者，还可以直接在图文类平台上打造移动电商商城或者放置移动电商平台的链接，为用户提供购物渠道。

例如，"蘑菇街"微信公众号中便放置了移动电商平台的链接。具体来说，用户点击"蘑菇街"微信公众号中的"买买买！"按钮，便可进入"蘑菇街女装"微信小程序，并通过该微信小程序购买相关产品，如图3-18所示。

图3-18　从"蘑菇街"微信公众号进入"蘑菇街女装"微信小程序

（五）问答平台推广

通过问答平台来询问或作答的用户，通常对问题涉及的产品有很大的兴趣。例如，有的用户想要了解"有哪些新上市的手机性价比比较高"，那些对新款手机比较了解的用户，大多会积极推荐自己满意的手机型号，提问方通常也会去查看他人推荐的手机型号的具体信息。

提问方和回答方之间的交流很少涉及利益，用户通常是根据自己的直观感受来问答。这就使问答的可信度很高，这对企业而言则意味着转化潜力，能帮助产品形成较好的口碑效应。

问答平台推广是新媒体营销推广的重要方式。基于问答平台而产生的问答营销，是一种新型的互联网互动营销方式。它既能为商家植入软广告，同时也能通过问答来引流潜在用户。问答营销对移动电商引流来说有很大的优势，具体包括可以使信息迅速传播推广开来、可以全方位展示产品推广信息、问答营销的话题性和议论性强、可以实现企业与客户的近距离接触。

问答平台通过提问和作答来达到营销目的。这一平台的运营与营销的操作方式是多样化的，有着很多不同的种类，如开放式问答、事件问答、娱乐评论、促销评论和内容运营等。移动电商企业和商家要想利用问答平台来获得流量，还得掌握一些运营技巧。笔者在这里总结了几点技巧作为参考，具体如图3-19所示。

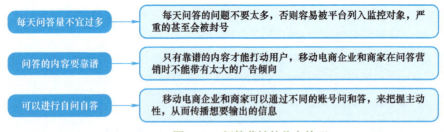

图3-19　问答营销的几点技巧

"细节决定成败"，对企业而言除了上述几点技巧外，在进行问答平台的运营与营销时，还需要注意一些细节上的地方，具体如图3-20所示。

图3-20　问答营销的细节之处

（六）线下平台推广

除了线上的各大平台，线下平台也是移动电商推广不可忽略的渠道。目前，从线下平台推广移动电商平台和产品主要有三种方式。

1. 线下拍摄推广

对拥有实体店的移动电商运营者来说，线下拍摄是一种比较简单有效的推广方式。通常来说，线下拍摄可分为两种：一种是移动电商运营者及相关人员自我拍摄，另一种是邀请路人共同参与拍摄。

移动电商运营者及相关人员在自我拍摄短视频时，能够引发路过人员的好奇心，甚至可以让路人主动了解短视频信息。短视频上传之后，如果用户对内容比较感兴趣，也会查看短视频内容，甚至主动帮忙推广短视频。

邀请路人共同拍摄，则可以直接增加短视频的"宣传员"，让更多人主动进行短视频的宣传和推广。

2. 线下转发推广

可能单纯邀请路人拍摄短视频的推广效果不是很明显。此时，移动电商运营者可以采取另一种策略。那就是在线下进行转发有奖的活动，让路人将移动电商平台的宣传内容转发至微信群、QQ 群和朋友圈等社交平台，提高宣传内容的传播范围。

当然，为了提高路人转发的积极性，移动电商运营者还可以从转发的次数、转发后的点赞数等角度给出不同的奖励。这样，路人为了获得更好的奖励，自然会更卖力地进行转发，而转发的实际效果也会越好。

3. 线下扫码推广

除了线下拍摄和线下转发之外，还有一种常见的线下推广方法，那就是线下扫码，让路人直接关注移动电商平台，并查看移动电商平台中的内容和产品。

当然，移动电商运营者也可以将电商平台的二维码下载并打印出来，然后通过发传单，或者将二维码放置在线下某些显眼的位置的方式，让更多人看到二维码，增加扫码的概率。

三、任务实施

任务目标

通过本任务实训，让学生掌握各平台的推广技巧，并选择合适的平台对移动电商的品牌、店铺和产品进行宣传推广。

实训任务

以零食类、服装类和图书类移动电商的店铺推广为例，寻找合适的推广渠道，并确定具体的推广方案。

实施步骤

第一步，确定营销推广的对象，例如可以分别选择一个零食类、服装类和图书类移动电商店铺。

第二步，确定营销推广目标，例如是要提高店铺的知名度，还是要针对某些商品进行营销推广，增加销量。

第三步，根据营销推广目标，制作营销推广内容。

第四步，根据营销推广内容和平台的入驻情况，选择营销内容的推广渠道。

第五步，登录推广平台的账号，发布营销推广内容，并对推广内容进行必要的宣传，增加推广内容的受众。

第六步，对营销推广的效果进行评估，并制作一张营销推广信息记录表，对营销推广的相关内容进行总结，见表 3-4。

表3-4 营销推广信息记录表

店铺名称	推广目标	推广内容	推广渠道	效果评估

四、知识巩固

1. 通常来说，宣传推广的渠道越多，获得的宣传推广效果就越好。（判断题）（　　）
   A. 对　　　　　　B. 错
2. 移动电商运营者可以直接在视频平台上发布短视频，对产品进行推广。（判断题）
   （　　）
   A. 对　　　　　　B. 错
3. 在部分图文类平台中，移动电商运营者可以直接添加移动电商平台的链接。（判断题）（　　）
   A. 对　　　　　　B. 错
4. 音频平台的推广，特别是广告推广，投入的成本高，但获得的效果比较差。（判断题）
   （　　）
   A. 对　　　　　　B. 错
5. 以下哪些属于问答平台的运营技巧？（多选题）（　　）
   A. 每天问答量不宜过多　　　　B. 问答的内容要靠谱
   C. 可以进行自问自答　　　　　D. 不管会不会都要尽量作答
6. 移动电商的常见线下推广方法有哪些？（多选题）（　　）
   A. 线下拍摄推广　　　　　　　B. 线下转发推广
   C. 线下扫码推广　　　　　　　D. 线下售卖产品

五、课外训练

以移动电商平台为例，根据课堂所学知识，确定推广渠道和推广方案，并制作移动电商平台推广渠道及方案表，见表3-5。

表3-5 移动电商平台推广渠道及方案

平台类型	具体推广渠道	营销推广方案
视频平台		
直播平台		
音频平台		
图文平台		
问答平台		
线下平台		

项目四
移动电商推广营销

导　　读

党的二十大报告指出：必须坚持在发展中保障和改善民生，鼓励共同奋斗创造美好生活。不断实现人民对美好生活的向往。电子商务的迅速发展从生产方式、销售方式、消费模式等多个方面改变了人们的认知与习惯，特别是近年来迅速兴起而且日趋规范的直播电商，成为众多消费者喜闻乐见的消费方式，悄然改变着我们的消费生活。直播电商在 2019 年兴起并迅速发展，用户规模持续增长，2022 年 6 月中国电商直播用户规模达到 7.162 7 亿人，较 2021 年 6 月增长 7 858 万，占网民总体规模的 68.1%。

2020 年 6 月—2022 年 6 月网络直播用户规模及占比，如图 4-1 所示。

资料来源：根据 CNNIC 数据整理。

图 4-1　2020 年 6 月—2022 年 6 月网络直播用户规模及占比

自 2020 年以来，线下消费方式不断受限。实体商家受疫情影响生存困难，而消费者又存在着巨大的需求。各方面的因素综合在一起，促进了直播电商的迅速发展。在直播电商发展的过程中，面对各种复杂情况，政府相继出台各类监管政策，为直播电商这一新媒体营销形式的健康发展保驾护航。直播电商在法制的轨道上取得了长足的进步，依法经营、诚信经营是任何企业和个人都要遵守的商业底线。2021 年电商直播行业相关政策见表 4-1。

表 4-1　2021 年电商直播行业相关政策

发布时间	发布单位	政策名称	主要内容
2021 年 3 月	国家发展改革委等部门	《加快培育新型消费实施方案》	鼓励政企合作建立直播基地，发展直播经济，培育直播人才
2021 年 3 月	中国广告协会	《网络直播营销选品规范》	规范商家选品行为，对商家、商品资质、质量检验、直播描述、售后服务、主播、选品等方面都提出了具体要求
2021 年 4 月	国家互联网信息办公室等七部门	《网络直播营销管理办法（试行）》	加强网络营销直播管理，维护国家安全和公共利益，保护各方合法权益，促进网络直播健康有序发展
2021 年 8 月	商务部	《商务部关于加强"十四五"时期商务领域标准化建设的指导意见》	加强商务领域数字技术应用的标准化建设，促进直播电商、社交电商等健康发展

任务一　理解新媒体营销思维

移动互联网的发展，让新媒体应运而生，这种新型的媒体形式，催生了新的营销模式，更加大了传统媒体的转型力度，同时也让各大行业纷纷转身，利用新的媒体平台来提升自身的行业竞争力。

本任务中笔者将对新媒体营销的相关知识进行具体解读，帮助大家快速了解并熟练运用新媒体营销思维。

学习目标：

◎ 了解新媒体营销的概念
◎ 清楚做新媒体营销的意义
◎ 掌握新媒体营销的基本思维
◎ 了解新媒体营销的营销原则
◎ 掌握新媒体营销的技巧

一、任务描述

案例描述

小马在一家小型移动电商公司上班，因为公司刚起步，所以规模还比较小，整个公司加起来也就十几个人。因此，整个公司就只有一名线上运营人员。不知道什么原因，那名线上运营人员辞职了。

由于那名线上运营人员辞职比较突然，还没有找到接替他的工作的人，于是老板让小马先负责公司线上的运营工作。通过了解，小马发现公司线上运营主要就是做新媒体营销方面的工作。

其实，早在上大学的时候小马就听过"新媒体"这个词了，但是他不太清楚"新媒体"的具体概念。至于什么是新媒体营销、怎么做新媒体营销，小马就更是一头雾水了。

问题分析：

什么是新媒体？什么是新媒体营销？在做新媒体营销的过程中，有哪些思维和技巧？

二、知识准备

在移动互联网迅速发展的当下，新媒体给传统媒体带来了很大的冲击，为许多行业的发展提供了新的营销平台。

（一）什么是新媒体营销

目前，由于对新媒体的划分标准不一，业界对新媒体还没有做出完全硬性的分类规定。因此，对新媒体的定义有广义和狭义之分。

狭义上，新媒体是继报纸、广播、电视等传统媒体之后，发展起来的一种新的媒体形态，主要包括网络媒体、手机媒体、数字电视机等。它是相对于传统媒体而言的。

广义上，新媒体指的是在各种数字技术和网络技术的支持下，通过计算机、手机以及数字电视机等各种网络终端，向用户提供信息和服务的传播形态，它表现的是一种媒体形态的数字化。

新媒体营销则是借助各种新媒体进行的营销。相对于传统媒体来说，新媒体更注重为用户提供个性化的服务。在注重个性化的同时，它也为传播者和用户提供了一个可以交流的平台。新媒体营销多偏向于自媒体方面的运营发展。从现在主要的新媒体营销表现形式来看，它具有以下性质。

（1）体验性。新媒体营销改变了传统媒体"传播者单向发布、用户被动接受"的状态，使每个用户既是信息的接受者，又扮演着传播者的角色，还摆脱了固定场所的限制，提高了消费者的参与体验，达到更好的传播效果。

（2）沟通性。新媒体的信息传播速度相比传统媒体来说会更加迅速，消费者可以实时接收信息，并且做出相应的反馈，与消费者的互动性更强。

（3）差异性。与传统媒体营销方式有着很大的差别，在进行内容传播时，可以做到将文字、图片、视频等同时进行传播，不仅增加了传播内容的信息量，也在一定程度上扩大了传播内容的深度和广度。

（4）创造性。创造可能的舆论热点，超越传统媒体的信息竞争。

（5）关联性。更注重"关系"与"情感"，影响是"深度卷入"，而不是"生拉硬拽"，使广告产生真正的影响力。

（二）做新媒体营销的意义

新媒体营销，通俗来说就是在新媒体平台上开展移动电商营销业务，通过各种各样的策划、运营方式推广企业产品和品牌。新媒体移动电商营销作为企业重要的网上商业活动，究竟有什么样的营销意义呢？为什么那么多经营者都争着抢着做新媒体营销呢？

1. 新媒体营销助力创业者

企业或商家要进行新媒体运营，就要选择一些适合这些岗位的人才。一般来说，企业在拓展新媒体业务时，都会成立相应的新媒体部门。虽然新媒体营销是由整个部门负责的，但是每个人的分工都特别明确。

新媒体的相关岗位主要包括新媒体运营、编辑、策划以及营销等。工作人员在了解新媒体行业的相关岗位之后，也要进一步了解每个岗位的具体要求，这样才能更好地开展工作。

2. 新媒体营销的四大作用

对移动电商运营者来说，新媒体营销非常重要，这主要是因为新媒体营销有四大作用，如图4-2所示。

新媒体还有着很大的发展空间，因此移动电商运营者一定要多去了解企业所经营的新媒体平台，所谓"熟能生巧"，熟练掌握一个新媒体运营平台就相当于掌握了90%的新媒体营销技巧。

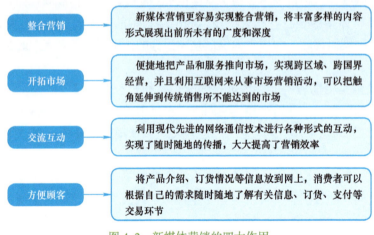

图4-2 新媒体营销的四大作用

（三）新媒体营销的基本思维

移动电商运营者要想在新媒体营销上取得一定效果，就要运用新媒体营销思维，创造有价值的内容。下面介绍新媒体营销的几种基本思维。

1. 用户思维

用户思维主要体现在新媒体平台与用户之间的互动上。从传统意义来说，互动指的是一群人聚集在一起，通过脑力去解决某个问题。在移动互联网时代，互动却是指网络信息的双向互通。

网络的特殊性改变了传统单向的信息流动方式，网络舆论的生成让商家可以看到用户内心的想法。也就是说，每个人都是互动链条上的主体，每个人都有属于自己的观点和意见，这些观点之间相互交流或交融，能够为新媒体营销带来全新的面貌。

2. 平台思维

平台思维其实是一种"打造精品内容"的思维，即通过优质的、对用户有价值的内容吸引和留住用户。商家打造一个好的平台，除了要在内容上下功夫之外，还需要在排版、图片、视频和文字等细节入手，通过舒适的版面、高清的图片、简短的视频和有料的文字来吸引用户。

同时，推动平台内的资源运作也是平台思维的手段之一。什么是资源运作？资源运作就是当一个平台的粉丝量达到一定程度时，这些粉丝就可以成为一种资源，与平台成为利益共存体。这样的平台不仅能够留住粉丝，还能实现平台和粉丝的利益最大化。因此，对从事新媒体营销的商家来说，平台思维是相当重要的。

3. 营销思维

新媒体营销思维很大程度上体现在内容的娱乐性上。在移动互联网时代，消费者喜欢具有娱乐化性质的事物，商家在营销时要抓住这个要点，打造一套娱乐化的新媒体营销策略。娱乐化的新媒体营销方式是一种传播手段，它主要是指移动电商运营者在进行新媒体营销的过程中，使用各种娱乐化元素，吸引消费者的目光，达到信息传播的目的。具体来说，娱乐化的新媒体营销策略主要表现在以下两个方面。

（1）娱乐精神。移动电商运营者在营销过程中要充分发挥娱乐精神，用创意思维为用户制造轻松的环境，打造具备娱乐精神的营销活动。

（2）制造好玩的事件。移动电商运营者还需要注意的是，在内容上不要以严肃乏味的说教形式进行营销，而要制造好玩的事件，让用户狂欢起来。

4. 病毒式传播思维

病毒式传播是由用户自发产生的一种发散式、激荡式和扩散式的传播方式，这种病毒式传播思维本质上是一种病毒式营销思维。这种思维方式有利于扩大营销辐射面和影响力，进而提高企业或商家的知名度和美誉度。

（1）长篇文章更容易被分享，转发量也更大，应多发表一些篇幅较长、质量较高的文章。

（2）商家可以利用激动和愤怒等情绪进行病毒式营销，当然这种手段要适可而止，以免做得过火而威胁到自身的营销，损害商品口碑。

（3）对商家来说，充满感情的内容更容易实现病毒式传播，这不仅可以让用户产生共鸣以获得情感体验，同时也是一种不错的营销方式。

（四）新媒体营销的营销原则

新媒体营销不设门槛、不设界限，只要有想法都可以进来，正因如此，各个平台上鱼龙混杂、良莠不齐，真正精通新媒体营销的人并不多。移动电商运营者在进行新媒体营销时，需要把握好几个准则。业内人士称这些准则为新媒体营销的黄金准则。

1. 讨粉丝喜欢的原则

说话需要讲究艺术，这话在职场中，尤其在服务型职场中格外适用。新媒体营销也可以算是服务型职业，粉丝就是顾客，就像在网络上购物一样，客服的态度能让顾客给商品加分。

同样，粉丝欣赏你的文章就想认识你，如果你能够表现得讨喜一些，普通粉丝升级为铁杆粉丝的概率就会很大。做一个讨喜的商家要做到三点：礼貌待人、耐心待人和热情待人。

移动电商运营者必须时刻谨记，粉丝即顾客。粉丝需要商家认可他们的存在，粉丝和商家之间的感情是"你敬我一分，我敬你三尺"。下面以图解的形式具体介绍礼貌、耐心和热情的重要性，如图4-3所示。

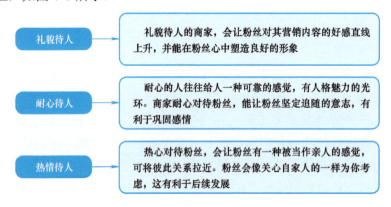

图 4-3 礼貌、耐心和热情的重要性

2. 正能量原则

人的内心都有点儿求异，喜欢猎奇，越是耸人听闻的内容越是能引起人的兴趣。作为信息发布的媒介，新媒体和传统媒体在这一点上是一致的。

尽管类似的新闻消息能够迅速吸引受众、引爆舆论，但一味地危言耸听，并不是长期发展的方法。从一定程度上来说，舆论报道应该冷静地分析和解决问题。

不论是媒体，还是整个营销行业，大家坚信的一点是光明面永远多于阴暗面，正能量永远多于负能量。只专注轰动性新闻和博取关注的自媒体，尽管会有辉煌时期，但最终难以长久。新媒体营销的黄金准则之一就是商家或新媒体人要做正能量的媒体，做冷静、客观和有智慧的媒体。

3. 乐于分享原则

在现实中，我们总乐意和那些喜欢分享的人做朋友，因为乐于分享的人总会让人觉得特别亲切，让人不自觉地就会去接近和相信他。

新媒体营销也是一样，商家做一个乐于分享的人，粉丝会更愿意接近和支持你，这也是新媒体营销的黄金准则之一。乐于分享对商家主要有三个好处：让人愿意靠近，并且选择你的商品；让人愿意信任你的账号；让人愿意与你交往，并且支持你的账号。

在进行新媒体营销时，移动电商运营者还需要注意以下几点，具体如图4-4所示。

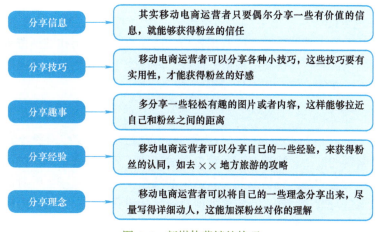

图 4-4 新媒体营销的技巧

4. 严格细致原则

在网络上经常出现一些不良的信息，移动电商运营者需要严格细致地对待用户，并主动维护网络和谐。

对网络言论的管制，我国在 2013 年就已将"网络造谣"一项立法处理，网络谣言转载超过 500 次按诽谤罪论处。对移动电商运营者来说，严格细致就是对自己所发布的内容的每一个字负责。移动电商运营者发布内容时应做到四点，如图 4-5 所示。

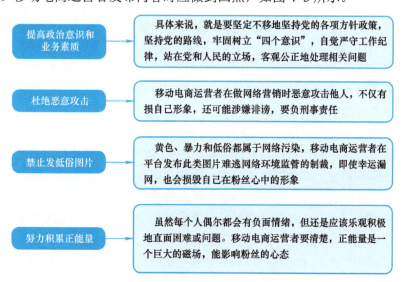

图 4-5 商家发布内容应做到的四点

商家除了要有严谨态度，还要有规避风险的意识。商家要注意以下三点。

（1）需要了解新媒体营销的相关法律法规，避免言行失当，否则就会前功尽弃，前途尽毁。

（2）需要管理好自己的情绪，保持良好的形象，因为形象一旦损毁，就难以挽回。

（3）重视自己的信誉，避免产生名誉上的污点，不然很容易失去粉丝的信任。

(五)新媒体产品营销的技巧

市场上形形色色的产品层出不穷,却很难出一个营销爆品。对商家来说,借助新媒体营销打造爆款产品,首先就是要把握好营销技巧,这里的关键包括找准消费者进行有针对性的营销、及早入场抢占心智、提高颜值留好眼缘,展现令人惊叹的点、根据需求定位产品、设计产品营销体系、获得价值和情感认同等。

1. 找准消费者进行有针对性的营销

移动电商运营者在进行产品营销时,关键的一点就是——找准消费者进行有针对性的营销。作为产品营销的推手,移动电商运营者要清楚地了解消费者。不仅如此,最好还能生动形象地描述出消费者的各种特性及其喜欢的生活状态,并在此基础上针对消费者的特性及其喜欢的生活状态进行营销。那么,应该如何找准目标消费者呢?方法有两种:一是根据年龄来分段,二是按照兴趣爱好来划分。

(1)根据年龄分段。产品营销与人密不可分。在研究产品营销之前,移动电商运营者一定要先了解人。因此,移动电商运营者要分析消费者心理。根据年龄对消费者进行分类,其具体要点如下。

1)每5岁为一个年龄段对消费者进行年龄细分。

2)与消费者深入交流。

3)花几分钟时间形容消费者。

移动电商运营者提供给用户喜欢的商品是很有必要的,如同样是面膜,不同年龄段的消费者对它的功能需求不相同。20岁左右的消费者可能比较需要护肤补水型的面膜,而40岁左右的消费者则可能更需要抗衰老型的面膜。此时,移动电商运营者需要做的就是根据消费者的需求进行有针对性的营销。

为了找到特定的目标消费群体,了解他们独有的消费需求,移动电商运营者应该学会为不同类型的消费者提供相应的产品或服务。如果不这么做,移动电商运营者就很难找准目标消费者,那么打造爆款产品也就成为空谈。

移动电商运营者要学会根据年龄段去明确目标消费群体,而不是盲目地打造产品。例如,移动电商运营者可以利用目标消费群体年纪相仿的特性,找到他们的共性。然后,根据目标消费群体的共同特点,尝试着就他们感兴趣的事物进行交流。如此一来,移动电商运营者就能准确把握目标消费群体的想法和需求,从而将产品营销出去。

(2)按照兴趣爱好划分。按照兴趣爱好或需求来划分的消费者通常与年龄无关。例如,很多人跨越年龄的鸿沟,成为忘年交,只因为他们有相同的兴趣爱好。

例如,喜欢电影的人,无论是"80后"还是"90后",很多人都喜欢在电影院看电影,因为他们都喜欢享受影院氛围。移动电商运营者按照兴趣爱好划分消费人群,可以有效打破年龄的限制,让不同年龄的人对同一种产品情有独钟。

人们对品牌的喜爱是建立在共同的兴趣爱好之上的,这与年龄关系不大。产品营销的重点就是要抓住消费者的特点,从而找准目标消费群体。

例如,一款健康、营养价值比较高的核桃油虽然质量很好,而且价格也不是特别贵,但一直找不到营销的好办法,销售现状令人担忧。于是该企业对消费人群进行了调查研究,制定了相关的解决方案,具体如下:

1）卖油之前先卖核桃，相对于核桃油而言，核桃更容易被消费者接受，营销难度相对较低，以核桃为突破口，培养目标客户群的对产品的初步认知。

2）缩小营销目标范围，击中消费者的痛点，对于目标客户群中注重"保健""营养"的人群加大营销力度，普及核桃油的营养与保健价值。

3）设计消费场景，打动消费者的心，以场景化的方式，进一步提升潜在客户的转化率，如子女送父母的节日礼物、健脑护发的场景化设计等。

无论销售什么产品，都应该锁定消费者的需求，移动电商运营者可以按照年龄阶段进行市场细分，也可以根据兴趣爱好区分不同类别的消费者，总之要找准目标消费群体。如此，就可以顺利地找出消费需求，从而更好地进行针对性强的精准营销。

2. 及早入场抢占心智

在进行产品营销时，移动电商运营者比对手先下手就意味着拥有了赢在起跑线上的优势。在新媒体发展得如火如荼的时代，不仅要把握好内容和发布速度，还要以"快"来指导产品，占领市场。除此之外，移动电商运营者抢先一步占领消费者的心智很重要。

消费者的心智就是他们对产品的看法和定位。通俗一点说，就是消费者脑海里浮现出某个名称、品种、观点和事物时，最先想到的品牌和产品，比如那些耳熟能详的广告词能让消费者第一时间想到对应的产品。

那么，移动电商运营者为什么要抢占消费者对产品的定位呢？主要有两个原因：一是消费者接受的信息太多太杂，如果不能抢占消费者对产品的定位，将难以在消费者心中留下深刻的印象；二是消费者需要的产品大多是品牌产品，如果移动电商运营者的产品不能抢占消费者对产品的定位，那么该产品将很难与这些品牌产品竞争。

因此，移动电商运营者需要比对手更早进场，全面且深入地占领消费者的心智，稳稳扎根于消费者心中。以某有机辣酱为例，这是一款时尚新鲜的有机产品，其产品特色是非转基因、无农药和无化肥。

把它与传统的辣酱相比，移动电商运营者很快就会发现这款辣酱的不足与优势所在，见表4-2。

面对这样的情况，移动电商运营者努力深挖产品特质，即新鲜和绿色有机。于是"鲜"就成了该有机辣酱的主打口号，甚至连该品牌的社交媒体平台头像都竭力突出一个"鲜"字。值得移动电商运营者注意的是，在营销时要稳扎稳打，比对手更早入场时不能太过急躁，不能为了产品营销而犯如下这些错误。

1）无限扩大抢占目标用户的范围。

2）纯粹用广告获得消费者对产品的认可。

表4-2 某有机辣酱与传统辣酱的比较

优 缺 点	传 统 辣 酱	某有机辣酱
优点	比较开胃、保质期长	香而不腻、辣而少油、健康营养
缺点	太油腻、口味重	冷藏储存、保质期短，尽量在开罐7日内食用完毕

3. 提高颜值留好眼缘

无论是人还是产品，都十分注重颜值。美的事物是人人都喜欢的，因此高颜值的产品往往能在第一时间就把消费者吸引住，从而更容易进行营销推广。作为爆品，如果没有美丽大方的外观是很难成功的。问题的关键是，消费者为什么如此在意产品外观呢？产品"颜值"的重要性体现在哪里？一般来说有三点，具体如下。

1）消费者对产品的初次印象举足轻重。
2）产品"颜值"高就是优势。
3）产品"颜值"高，才能更好地被展示。

移动电商运营者如何对产品"颜值"进行检测呢？测验的方法主要分为自测法与他测法。

自测法就是对自己打造产品进行"颜值"检测，高"颜值"的产品通常有如下特点：产品颜色以纯色为主或者配色方案简约高级；产品线条比较流畅，产品外形设计潮流时尚等；而他测法则是由其他人来检测产品的颜值，如征集消费者对产品外观的意见，让网友对产品"颜值"进行点评，把产品与其他同类型的产品进行比较等。

针对移动电商运营者关注的如何提升"颜值"的问题，有三个解决方案，具体如下。

1）了解出色的设计作品。
2）学习并加上创新元素。
3）聘请专业的设计团队。

可以说，产品有了高"颜值"，再加上其他方面的优势，想要营销推广出去并不是一件难事，毕竟高颜值的事物大多是深受消费者喜爱的。

4. 展现令人惊叹的点

一个产品拥有令人惊叹的优势，意思就是能够为消费者提供良好的消费体验，让消费者在使用过程中，对产品和其相关服务产生一种认知和感受。这种体验的好坏直接影响了消费者是否会对产品产生好感，从而是否进行二次购买。

很多企业和移动电商运营者无法提供让消费者满意的消费体验，原因就在于他们没有很好地发挥出自己的优势，又或者没有站在消费者角度考虑问题。那么，产品营销为什么要展现产品优势，替消费者考虑呢？

1）用户体验决定产品或服务的价值。
2）用户体验决定其是否值得传播。
3）用户体验决定是否进行二次购买。

以某品牌服饰为例，它不仅全面体现了自身优势，还全心全意为消费者考虑，做到了把消费者的体验放在第一位。例如，它特别注重产品细节方面带给消费者的体验。以店铺中一款女式衬衣为例，在产品的设计上，尤其专注于细节方面的打造，具体内容如下。

1）简洁的领口设计，注重舒适体验。
2）绑带的镂空设计，注重时尚体验。
3）不规则的下摆设计，注重个性体验。

该品牌对产品的细心打造为消费者提供了优质体验，因此获得了不少消费者的好评。总之，为消费者提供优质体验，移动电商运营者需要倾注大量心血。不仅如此，移动电商运营者还要学会从消费者角度出发，知道他们需要什么样的产品和服务，才能打造出受人欢迎的产品。

5. 根据需求定位产品

许多移动电商运营者的一贯思路就是先进行产品定位，然后根据产品定位营销，将产品推销给目标消费者。虽然这种营销方式的营销针对性强，但是因为市场中同类型的产品比较多，难以打造产品的特色，所以产品通常很难达到比较理想的营销效果。

其实，如果移动电商运营者能够转换一下思路，就可能获得意想不到的效果。例如，移动电商运营者可以根据消费者的需求定位产品，找到消费者需求较为强烈而市场又相对缺乏的产品，打造具有特色的产品。

例如，夏季到了，天气炎热，许多人在家里都是吹空调和风扇，但是外出的时候空调和普通风扇是无法随身携带的。于是，移动电商运营者推出了手持小风扇，并将其可随身携带的特点作为营销重点。该产品推出之后，受到了消费者的热烈欢迎。

6. 设计产品营销体系

产品怎样进行营销才能更好地打造爆品？移动电商运营者可以重点从以下四个方面设计产品营销体系，对产品进行全面营销。此外，移动电商运营者在提高产品知名度的同时，要想方设法地刺激消费者的购买欲望。

（1）产品或服务。消费者购买的是产品或服务，因此对于移动电商运营者来说，如何根据产品进行营销，让消费者看到产品的特色和优势是非常关键的。毕竟，对于相对理性的消费者来说，只有他们认为自己需要该产品或服务，才会选择进行购买。

（2）品牌。对部分消费者来说，品牌是做出购买决定的重要参考因素。因为在他们看来，知名度高、口碑好的品牌，其旗下产品往往更容易让人放心。对此，移动电商运营者在进行营销时，一方面可以将品牌的知名度和口碑作为一个宣传重点，另一方面也需要想办法提高品牌的知名度和口碑，增强品牌的说服力。

（3）价格。产品的价格一直以来都是消费者购买产品时的重要参考因素之一。如果产品具有价格优势，移动电商运营者便可以将其作为新媒体营销的一个重点，吸引消费者下单消费。

（4）渠道。一般情况下，产品营销的渠道越多，营销效果通常越好。对此，移动电商运营者可以结合短视频平台、电商平台以及各大新媒体平台进行多渠道营销，提高产品的传达率和知名度。

7. 获得价值和情感认同

猫爪杯原价是每个 199 元，却被人炒到了每个 600 元。即便如此，仍有部分消费者肯花钱购买。

许多人可能会觉得它不过是外观有些特别的杯子罢了，卖 199 元都算很贵了，卖到 600 元还有人买简直就是一件无法理解的事。然而，这件看似不可能的事就是发生了。

那么，猫爪杯为什么卖这么贵还有人买呢？主要是因为它获得了消费者的价值和情感认同。

一方面，生产杯子的厂商是一个知名品牌，加之此款杯子又是限量的，所以，它在许多经常喝该品牌饮品的消费者心中代表的就是不可估量的价值。这与明星签名有相似之处，在普通人看来，它可能并没有太大的价值，但是对粉丝来说，只要能拿到签名，花钱也乐于接受。

另一方面，该杯子中的猫爪形状满足了爱猫人士的情感需求。在爱猫人士看来，产品一旦与猫产生联系，它便多了一层情感附加值。再加上该款杯子颜值较高，所以许多人会愿意将其买回家，哪怕只是放在家里欣赏。

三、任务实施

任务目标

通过本任务实训，让学生熟练掌握新媒体运营技巧，清楚新媒体营销过程中运用的营销思维和体现的营销原则。

实训任务

选择一个移动电商运营的新媒体平台，如微信公众号，分析该平台在运营过程中主要使用了哪些营销思维；选择某一营销内容，分析其体现的新媒体营销原则。

实施步骤

第一步，选择几个知名度较高的移动电商企业运营的微信公众号，如"三只松鼠""良品铺子"和"百草味"微信公众号。

第二步，关注该微信公众号（如果不关注微信公众号，只能看到微信公众号推送的部分内容）。具体来说，可以直接搜索微信公众号的名称，点击搜索结果中对应微信公众号所在的位置，如图4-6所示。进入"公众号"界面，点击"关注"按钮，如图4-7所示。操作完成后，即可关注该公众号。

图4-6 点击搜索结果中对应微信公众号所在的位置　　图4-7 点击"关注"按钮

第三步，查看该微信公众号近期（周期可以根据微信公众号的信息推送频率来定，如果该微信公众号几乎每天都推送信息，可以将周期定为半个月；如果该微信公众号一个月只推送了几次消息，可以将周期定为3个月，甚至是半年）发布的营销内容。具体来说，可返回图4-7所示的界面，向上滑动界面，查看该微信公众号以往推送的信息。"百草味"

微信公众号推送的部分信息，如图4-8所示。

第四步，分析营销内容中运用的营销思维，并总结出其中运用频率相对较高的营销思维。具体来说，可以点击某个消息所在的位置，进入消息的详情界面，查看具体的营销内容。例如，点击图4-8左图的第一个消息，即可查看该消息的详情，如图4-9所示。

图4-8 "百草味"微信公众号推送的部分信息

图4-9 某篇微信消息的详情

第五步，随机选择该微信公众号推送的几条信息（最好是最近几天发布的），分析其中体现的新媒体营销原则。

第六步，对上述新媒体营销思维的相关信息进行汇总，并制作一个表，见表 4-3。

表 4-3　新媒体营销思维信息汇总

微信公众号名称	分析周期	营销思维	营销原则

四、知识巩固

1. 在报纸上发布广告属于一种新媒体营销方式。（判断题）　　　　　（　　）
   A．对　　　　　　B．错
2. 新媒体营销具有体验性、沟通性、差异性、创造性和关联性等性质。（判断题）
   　　　　　　　　　　　　　　　　　　　　　　　　　　　　　　（　　）
   A．对　　　　　　B．错
3. 以下哪些属于新媒体营销的基本思维？（多选题）　　　　　　　　（　　）
   A．用户思维　　　　　　　　B．平台思维
   C．营销思维　　　　　　　　D．病毒式传播思维
4. 新媒体营销主要有哪些作用？（多选题）　　　　　　　　　　　　（　　）
   A．整合营销　　　B．开拓市场　　　C．互动交流　　　D．方便顾客
5. 以下哪些属于新媒体营销正确的思维方式？（多选题）　　　　　　（　　）
   A．正能量原则　　　　　　　B．讨粉丝喜欢的原则
   C．乐于分享原则　　　　　　D．严格细致原则

五、课外训练

参照"任务实施"中的方法，对 10 个移动电商的微信公众号营销内容进行分析，总结其运用的营销思维和体现的营销原则，并制作移动电商微信公众号营销思维和营销原则表，见表 4-4。

表 4-4　移动电商微信公众号营销思维和营销原则

移动电商微信公众号	运用的营销思维	体现的营销原则

任务二　策划与实施微信营销

腾讯控股在 2023 年 3 月 22 日的公告称，截至 2022 年四季度末，微信及 WeChat 的合并月活跃账户数 13.13 亿，同比增长 3.5%。

毫无疑问，微信已经成为国内最大的社交媒体，也是我们运营社交流量的最佳平台。尤其对运营移动电商的企业和商家来说，策划与实施微信营销已经变得相当重要了。

学习目标：
◎ 了解微信营销的基本方式
◎ 掌握朋友圈营销文案的写法
◎ 了解适合做微信公众号营销的产品类型

一、任务描述

案例描述

张女士毕业后就在某城市的步行街开了一家小型女包店，人流量和利润都还不错，平均每月能够获得两万元左右的收入。

张女士年纪轻轻就是一个小老板，在同龄人里面也算得上是出类拔萃的了。但张女士给自己算了一笔账，每月除去房租、水电、产品成本和员工工资，其实自己拿到的钱并不多，甚至还不如给别人打工赚得多。

一次，张女士无意中将自己的女包产品发到朋友圈，竟然给她带来了几千元收入。面对这样出乎意料的结果，张女士仔细想了想，如果自己的微信好友能够达到几千人，那么每天就会有很多人逛自己的店铺，这种流量是她所经营的这家实体店根本无法做到的。

对线下实体店来说，很多消费者可能是在路过时进去随便看看，也可能一生只进去这一次，因此彼此的交集非常少，复购率也非常低。

但是，如果移动电商运营者能够将所有进店的消费者添加为微信好友，这样不管他们身在何方，都有机会看到你微信中所发的广告。这就等于他们每天都有可能会逛逛你的店，变成你的永久顾客。

因此，微信可以给移动电商运营者创造更多成交机会，带来更多意想不到的财富。张女士只用了短短一个半月的时间，就通过微信渠道卖产品多赚了 3 万多元，这连她自己都觉得像是做了一场梦。

随着张女士在微信上积累了越来越多的顾客，她还招了很多分销人员，自己则专门做批发，所有微信好友都可以从她那里进货。

另外，微信给张女士带来的生意成本也更低，她无须承担实体店的房租、水电和员工工资，基本上卖出去的产品就是税前的纯利润。而且也不用像实体店那样，每天都要守着店铺，开微店时间非常自由的，只要带着一部联网的手机，即可随时随地用微信做生意。

在移动互联网出现之前，张女士这种做生意的模式是想都不敢想的，然而今天却成为一种习以为常的事情，很多年轻人通过微信实现了自己的目标。这也让越来越多的人开始将微信作为营销推广的一个主要渠道。

问题分析：

上面这个案例提到的微信做生意应用了什么商业模式？这种模式有哪些特点？我们应该如何通过微信朋友圈这个平台把产品销售出去呢？

二、知识准备

《连线》杂志的创始主编凯文·凯利（Kevin Kelly）提出了"一千个铁杆粉丝理论"，他认为："任何创作艺术作品的人，只需拥有1 000名铁杆粉丝，也就是无论你创造出什么作品，他/她都愿意付费购买的粉丝，便能糊口。"

其实，这句话和微信公众平台的Slogan（再小的个体，也有自己的品牌）道理是一样的。也就是说，其实我们不用像明星那样光芒耀眼，只需要得到少量铁杆粉丝的支持，就能够很好地生存下去。

如今，做生意已经不再是大企业家和有钱人的福利，每个人都可以通过互联网用自己的产品、服务或价值来吸引用户，实现粉丝经济变现。

微信营销的出现，打破了传统商业逻辑，产品买卖不再是一次性交易。移动电商运营者可以通过微信来吸引粉丝，并且聚集和沉淀产品的目标消费人群，同时将这些用户转化为自己的铁杆粉丝，构建数据池。

另外，随着信任关系的不断增强，我们还可以用存量来带动增量，并且将流量转化为"留量"。"留量"指的是私域流量池中留下的有深度互动的顾客资源，如果粉丝人群是流量的表现，那么铁杆粉丝就是"留量"的代表。

（一）微信朋友圈的营销方法

社会学大师查尔斯·格林（Charles Green）在《可信赖的顾问》中提到一个公式，用来计算商业领域的信任，信任 = 可信度 × 可靠度 × 亲密程度 ÷ 自我意识。这个公式不仅适用于传统电商，朋友圈的社交流量变现也是同样的道理。一旦用户信任你，你就可以更轻松、更长久地变现。

朋友圈营销的要点

流量大是销售量高的前提，因此做朋友圈营销时移动电商运营者也常常为如何引流而大伤脑筋。朋友圈引流以话术内容为基础，需要移动电商运营者"先找到对的人，再说对的话"。下面讲解常见的微信朋友圈营销引流方法，让大家可以快速获取大量流量。

1. 活动引流：福利吸引

许多移动电商运营者会在朋友圈开展活动引流，但是由于某些人在操作过程中显得太过精明，所以获得的引流效果也越来越差。例如，有的移动电商运营者说添加好友便送小礼品，但等到别人加了好友，却说礼品已送完。这种方法用得多了，人们就会怀疑这些活动的真实性了。

因此，在朋友圈开展活动，一定要言出必行，不要让朋友们对移动电商运营者的信任产生怀疑。例如，可以在朋友圈发布动态："推荐好友添加我微信，备注信息为××推荐，满15名就免费赠送产品一份，邮费10元自己承担。离得近的朋友可自取，不需要邮费。活动时间即日起至×日止……"这种操作是非常可行的，有人测试过3天时间加了好友近

500 人，送出去了 10 多份礼品。

2. 互动引流：趣味游戏

好玩的游戏从来都不缺参与人员，在朋友圈也可开展互动式游戏，从而获取流量。商家可以通过一些互联网 H5 设计工具来制作朋友圈小游戏，并借助小游戏引流。这不仅能够实现微信个人号、公众号吸粉，而且还能提升线上商城的转化率，实现品牌的传播。

另外，移动电商运营者可以在网上搜寻一些互动性强又有趣的游戏，稍微修改一下在朋友圈进行。例如，猜谜语、看图猜成语、脑筋急转弯与成语接龙等，有趣味、不俗套，能吸引人参与。

在朋友圈开展互动式游戏，同样要引导好友进行转发，因为只有这样才能让发布的动态突破自己的微信社交圈子，获得更多的流量。

3. 被动引流：内容营销

朋友圈引流的内容形式主要包括文字、图片和小视频，移动电商运营者可以在朋友圈发布一些对用户有价值的内容，如图 4-10 所示，用来调动大家的参与积极性，把浏览量转化为成交量。

图 4-10　有价值的朋友圈内容

总之，移动电商运营者需要在朋友圈发布有实用价值的内容，这样才能吸引更多目标用户，取得他们的信任，也会有更多的人愿意加你为好友，从而为以后的成交打下良好的基础。

（二）打造有温度的微信朋友圈

除了直接聊天方式外，个人微信号还有一个非常重要的宣传入口，那就是朋友圈。发朋友圈有三种方式：一种是发纯文字，一种是发送图文并茂的内容，还有一种是发送视频内容。

大家平时发布朋友圈内容时，最好采用图文结合的方式。图文结合的内容会比单纯的文字更醒目、更吸引人，蕴含的信息量也更大。

采用图文结合的方式发布的产品营销信息，如图 4-11 所示。朋友圈发图的数量是比较讲究的，如 4 张、6 张、9 张等都是标准的发图数量。

一般来说，微信朋友圈只有 6 行能直接展示文字，我们最好利用前 3 行来吸引好友，将重点提炼出来，让大家一眼就能看到重点，这样才能使他们有继续看下去的欲望。否则发布的内容太长，就会发生"折叠"的情况，只显示前几行文字，而好友必须点击"全文"才能看余下的内容。

如何打造有温度的微信朋友圈（上）

如何打造有温度的微信朋友圈（下）

图 4-11 采用图文结合的方式发布的产品营销信息

人们更愿意接受碎片式阅读形式，不喜欢那种长篇累牍式的文章。因此，商家在通过朋友圈进行产品营销时，不要让内容太过冗长。如果有很长的内容，建议提炼重点即可，要让人一目了然。

做微信营销不仅是一份工作，而且是一份事业。如何成为一位优秀的朋友圈创业者，是商家需要学习的。微信营销的几个要点如下。

1. 先跟顾客交朋友，再谈生意

移动电商运营者遇到任何顾客，都要先了解顾客是哪种类型的人，他们的需求和痛点是什么，购买产品主要是解决什么问题，用在哪些方面，给什么人购买。移动电商运营者只有了解了这些问题，才能根据顾客的实际需求，推荐最适合他的产品，只有真正为顾客着想，他们才能感觉到你的真诚。

就算这次顾客没有购买你的产品，你也要用对待好友的态度来对待顾客，真诚为顾客服务，因为可能下次这位顾客就会主动上门找你购买产品。

如果刚一添加顾客的微信，商家还不了解顾客，就直接推销对自己来说利润最大的产品，这时大部分顾客是不会买账的。

2. 好产品加好服务，才是最有力的营销

虽然商家卖出去的是产品、货物，但商家要提供非常贴心的产品售后服务，才能让顾客二次购买，树立优质的口碑形象。

例如，商家卖给某位顾客一盒护肤品，过段时间一定要问一下这位顾客的使用情况，如肤质有没有改善、皮肤舒适度怎么样、有没有不良反应等。像关心朋友一样去真正关心顾客，多花些时间与顾客互动，培养感情。好的服务可以让商家与顾客的关系更加紧密，使顾客二次购买产品，并主动帮商家宣传产品。

3. 成为某个细分领域的行家

其实，每个人都可以成为自己细分领域的行家。对某一事物精通，或者说有独到的见解，能给别人中肯的建议，帮助他们创造财富。当然，这些都需要时间、经验的积累，也需

要有一定的知识基础，再通过后天的勤奋努力，才能成为某一个领域的行家或专家。

例如，在自媒体发展初期，商业财经和技能培养是最常见的品类。如今，通过大量KOL（Key Opinion Leader，关键意见领袖）在细分领域的挖掘，内容品类的范围也越来越广，而且知识生产者也从过去的KOL，快速扩展到各行各业中的自媒体人，内容品类更加垂直，同时这些垂直领域都有可能出现"爆款"。

如今，由于平台的同质化越来越严重，因此用户对平台的依赖性正在逐渐降低，转而更加关注商家和产品本身。在这种情况下，各个细分领域的行家拥有更多的粉丝和流量，代表着他们的主动性更强，更有能力变现。

因此，这些有限的KOL资源成为各个平台争抢的对象，甚至连各细分行业的腰部KOL也成为各平台争抢和培养的目标，可以说各个平台之间的KOL资源之争已经进入白热化。当然，各平台争夺KOL资源，最终目的还是获得他们掌握的用户和切割流量，通过不同的流量产品来吸引用户。

4. 多进行互动，增强顾客黏性

用朋友圈做营销，为了与微信好友们培养比较稳固的关系，商家应该尽量多与好友互动。商家要想在朋友圈赢得好友的好感，增加信任感，就要通过一些方法来提升自己的存在感，其中点赞加评论是最有效的一种方法。

利用微信点赞方式让好友记住自己，还能得到被好友关注的机会，其原理是：先付出，再回报。除了点赞之外，商家还可以通过评论让好友记住自己。以下是几种具体的评论方法。

1）看到好友聚会很开心，评论一下，分享快乐。

2）看到好友发看电影的状态，评论一下，可以讨论剧情，有利于互动交流。

3）还有看到朋友圈发表对未来的期待和自我激励的状态时，要及时点个赞，表示对好友的支持和鼓励，好友看到了也会感到欣慰。

移动电商运营者可以通过这种互相分享心情的方式，逐渐与朋友圈的友好发展关系，使双方成为无话不谈的好友，为朋友圈流量的变现打下坚实的基础。

5. 以感情为基础，打动用户的心

移动电商运营者在进行朋友圈营销的过程中，如果只是循规蹈矩地发一些无趣的广告内容，肯定没有几个人愿意看。但是，如果能将广告内容加以修改，添加一些可以吸引人的元素，就能够让顾客抽出一些时间来读完整个广告。

一般来说，用各种能够触及心灵的句子或是内容来吸引别人，就是所谓的"情感营销"。由于物质生活的不断丰富，大家在购买产品时，开始不那么看重产品本身的质量与价格了，而是更多追求精神层面上的满足和心理层面上的认同感。情感营销正是利用了客户的这一心理，将情感融入营销当中，唤起消费者的共鸣与需求，把"营销"这种冰冷的买卖行为变得有血有肉。

因此，在朋友圈营销中，商家也应该抓住客户对情感的需求。其实不一定是"人间大爱"，任何形式的、能够打动人心的内容，都可能触动不同客户的心灵。

6. 增强顾客的体验感，消除购买顾虑

很多时候，顾客不愿意购买商家所推荐的商品，主要是因为他对商家还不够信任，对商家所描述的内容持有怀疑态度。这个时候，商家必须明白：当对方不相信你所说的一切的时候，就算你讲到口干舌燥，对方还是不会相信你。

此时，商家到底如何才能让顾客相信自己所描述的呢？答案当然是直接拿出产品来取代空洞的词汇，即用产品本身的功效，来证明描述产品的正确性。准确来说，就是增强顾客的体验感。

当然，微信朋友圈是线上营销，没有办法制造出购物的实际体验感，这非常遗憾。但是，商家可以试着增加产品使用的体验感。对于类似化妆品等可以拆分的产品，增加用户的体验感还是比较简单的。例如，可以直接送对方一些商品的小样，让他们先感受一下功效。如果好用，他们自然会选择购买。

对大件的商品，特别是电子商品能不能体验呢？其实也可以。但最好是针对诚信意识比较强的、购买意向比较大的客户，让其适当交一些押金，把商品寄给他们，让他们感受一番。

（三）微信公众号的产品营销

微信公众号是一种应用账号，是广大商家、企业、开发者或个人在微信公众平台上注册的一个用于与自己特定的顾客群体沟通交流的账号。

微信公众号的拥有者可以用多种方式与特定的顾客群体交流，如文字、图片、音频、视频等，通过生动、全面的表达，增加商家、企业、个人与顾客之间的互动，从而获得更好的交流效果。因此，微信公众号成为各商家、个人打造私域流量的一个重要平台。

微信公众号非常适合沉淀各个公域流量平台上获得的粉丝，给商家、企业的营销提供了一个全新的销售渠道，拓宽了销售范围。同时，微信公众号为广大商家提供了信息管理、顾客管理等功能，使顾客管理变得更简单，交流性、互动性也变得更强，从而极大地增加了顾客的黏性。

例如，用户在一家服装店中购物，通常是买完衣服就直接付款走人。这些人对服装店老板来说就是公域流量。此时，服装店老板可以在门店贴一些海报，如关注公众号领优惠券福利等，将公域流量转化为私域流量，然后通过公众号和微信会员的运作来获得更多盈利机会，如图4-12所示。

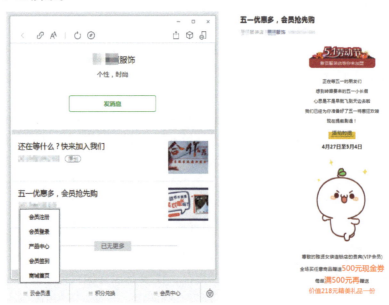

图4-12　服装店的公众号运营示例

商家可以通过在微信公众号上发布文章、图片等形式吸引关注者的点击与阅读，以此获得流量，然后再将这些流量引到微信或产品店铺内，进而促成商品的交易。同时，在微信公众号的后台还有一个推广功能，商家还可以通过这个推广功能来获取更多的流量。

社交流量要想变现，最终还是需要产品来进行承接，因此这种流量模式非常适合品牌商家。例如，在线课程、食品水果、日用百货、数码家电、母婴玩具、服装鞋包、餐饮外卖、生活服务以及文化旅游等，这些行业都比较适合做公众号。那么，适合做公众号营销的产品或服务有哪些特点呢？具体如下。

1. 高频次、复购率高

微信的社交流量有一个显著特点，那就是"一次获取，可反复利用"。因此，商家可以选择一些消费频次和复购率都比较高的产品，吸引用户的长期购买，提升老顾客的黏性。高频次、复购率高的商品类型，如图4-13所示。

微信公众号的
传播特征

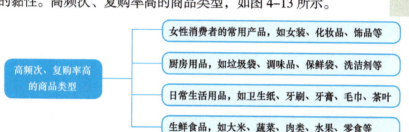

图4-13 高频次、复购率高的商品类型

在微信公众号营销模式下，商家的大部分利润来自老顾客，所以商家要不断提升产品、品牌、服务和营销的竞争力，促进顾客的二次购买，甚至实现长期合作。商家要做到这一点，关键就在于货源的选择。产品的选择远远比盲目地努力更重要，因此要尽可能选择一些能够让粉丝产生依赖的货源。

2. 可进行知识付费服务

知识付费服务，其实质在于通过售卖相关的知识产品或知识服务，来让知识产生商业价值。在互联网时代，我们可以非常方便地将自己掌握的知识转化为图文、音频、视频等产品/服务形式，通过互联网来传播并售卖给顾客，从而实现盈利。

随着人们消费水平的提高，其消费观念和消费方式产生了质的改变。尤其是随着各种新媒体渠道的出现和自媒体领域的兴起，人们产生了新的阅读习惯和消费习惯，并逐渐养成了付费阅读的良好习惯。

在知识变现的浪潮下，很多有影响力的知名人士也通过公众号和社群等渠道，来售卖自己的知识付费产品，可以快速变现，从粉丝身上获取收入。例如，某微信公众号创始人便通过微信公众号的运营获得了60万粉丝。其中，某篇文章甚至引发了大规模的传播和讨论，获得了200万+的阅读量。其发布的某个在线课程，则在两天内收到4 000+的用户付费，营收超过200万元，并掀起了一阵互联网写作热潮。

在很多人抱怨公众号的红利期已过，自己没来得及抓住时，该微信公众号创始人却通过公众号不断提升品牌势能。同时，这个微信公众号拥有多元化的变现方式和付费渠道，它不仅利用视频课程实现内容付费，还善于通过新颖的直播等内容形式实现知识付费。由此，可以明白一个道理：其实对于粉丝来说，该微信公众号中推出的课程不仅是一个简单的写作课，而且是一个具有极强个人色彩和品牌的课程。

3. 具备较强的话题感

如果一个产品登上了头条，那么它的火热程度自然不言而喻。为了吸引众多流量引爆产品，制造话题占据头条倒不失为一种绝佳的方法。具备话题感的产品本身就具备强大的社交属性，极容易在社群中引发强烈反响。

其中，抖音的话题玩法就是目前非常流行的营销方式。大型的线下品牌企业可以结合抖音的 POI 与话题挑战赛来进行组合营销，通过提炼品牌特色，找到用户的"兴趣点"来发布相关的话题。这样可以吸引大量感兴趣的用户参与，同时让线下店铺得到大量曝光，而且精准流量带来的高转化也会为企业带来高收益。

4. 可进行线下流量转化

线下实体店可以推出一款不以盈利为目的的引流产品，先把顾客吸引过来，然后移动电商运营者可以添加顾客的微信来实现流量转化，或者引导他们消费其他产品，来直接获得盈利。

例如，随着社群时代的来临，某餐饮品牌看中了微信市场，于是通过公众号来转化微信流量，吸引用户到店消费。在做微信社群营销之后，该餐饮品牌更是把极致服务从线下推广到了公众号线上平台。用户可以通过微信公众号实现预订座位、送餐上门，甚至可以去商城选购底料。

三、任务实施

任务目标

通过本任务实训，让学生对微信公众号的营销模式有更好的认知，掌握识别各种微信公众号营销模式的技能。

实训任务

为目标微信公众号贴上合适的营销模式标签：顾客关系管理模式、品牌营销模式、垂直卖货营销模式和自媒体模式。

实施步骤

第一步，列出要关注的目标微信公众号，如"一条""视觉志""小米之家""罗辑思维""三只松鼠""良品铺子""海底捞火锅"和"手机摄影构图大全"微信公众号。

第二步，搜索并关注目标微信公众号。

第三步，查看微信公众号的简介，如果简介显示不全，可以点击简介所在的区域，如图 4-14 所示。执行操作后，即可在"关于公众号"界面的"公众号简介"板块中查看简介的全部内容，如图 4-15 所示。

图 4-14　点击简介所在的区域

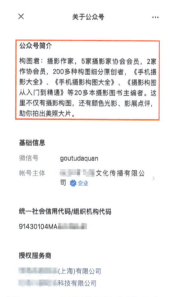

图 4-15　查看简介的全部内容

第四步，查看微信公众号推送的信息。例如，可以点击微信公众号推送的某个信息所在的区域，如图 4-16 所示。执行操作后，即可进入信息详情界面，查看信息的具体内容，如图 4-17 所示。

图 4-16　点击微信公众号推送的某个信息所在的区域

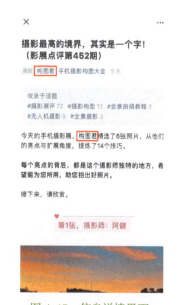

图 4-17　信息详情界面

第五步，结合微信公众号简介和推送的信息内容，为微信公众号贴上相应的模式标签。例如，从图 4-15、图 4-17 不难看出，"手机摄影构图大全"微信公众号的简介和信息详情，都在突出该微信公众号的创始人"构图君"。由此可知，该微信公众号是将创始人作为自媒体的营销主体来进行推广的。因此，可以将该微信公众号贴上"自媒体模式"这个营销模式标签。

第六步，制作"微信公众号营销模式标签表格"，对目标微信公众号的营销模式标签进行汇总，见表4-5。

表4-5　微信公众号营销模式标签表格

公众号	营销模式标签
一条	
视觉志	
小米之家	
罗辑思维	
三只松鼠	
良品铺子	
海底捞火锅	
手机摄影构图大全	

四、知识巩固

1. 微信个人号的好友更加私密，而且添加时必须征得对方同意，因此也有利于形成强信任关系。（判断题）　　　　　　　　　　　　　　　　　　　　　　（　　）

　　A. 对　　　　　　　B. 错

2. 对于微信平台来说，标签就是用户分组，我们可以通过标签圈定想要的顾客，进行精准营销。（判断题）　　　　　　　　　　　　　　　　　　　　　　（　　）

　　A. 对　　　　　　　B. 错

3. 为增加微信朋友圈好友的"黏性"，下面哪些做法是对的？（多选题）（　　）

　　A. 为朋友圈聚会场景的照片做积极评论　　B. 为朋友圈中分享的电影评论点赞

　　C. 为朋友圈好友发的自我激励信息点赞　　D. 在朋友圈评论区争论，发表不同观点

4. 以下哪些是适合做微信公众号营销的产品的特点？（多选题）（　　）

　　A. 高频次、复购率高　　　　　　B. 可进行知识付费服务

　　C. 具备较强的话题感　　　　　　D. 可进行线下流量转化

5. 下面哪些产品一般是数据高频次、高复购率的产品？（多选题）（　　）

　　A. 化妆品　　　　　　　　　　　B. 洗涤剂

　　C. 调味品　　　　　　　　　　　D. 手机

五、课外训练

根据课堂所学知识，在个人朋友圈中搜集15～20个朋友圈营销案例，将搜集到的案例按照朋友圈营销场景进行分类整理，并制作"微信朋友圈营销场景分类"表格，见表4-6。

表4-6　微信朋友圈营销场景分类

营销场景分类	案例
门店类型	
代理类型	
淘宝辅销型	
代购类型	
自产自销类型	
品牌推广类型	
其他类型	

任务三　策划与实施短视频运营

短视频领域是近几年来发展最快的领域之一，许多短视频平台拥有一大批用户，而且也有很多短视频平台开设了电商的相关功能。

因此，许多移动电商纷纷入驻短视频平台，开始了短视频运营，希望能够借助短视频营销获得自己的"一桶金"。

学习目标：

◎ 了解短视频运营的相关工作
◎ 学会独立制作和发布短视频

一、任务描述

案例描述

小刘家里种了几种水果，每年家里都有一些水果因为没卖出去，直接在树上烂掉了。因为这几年短视频领域发展很快，很多人喜欢看短视频，所以小刘就想通过短视频运营来开拓销路。

因此，小刘入驻了抖音、快手等多个短视频平台，而且基本每天都会更新短视频。但是，经过近1个月的运营，他的多个短视频账号的粉丝都不多，通过短视频销售出去的水果也很少。

小刘有些疑惑，为什么都是通过短视频运营销售水果，有的人每天能卖出上千单，而自己辛苦更新却没有取得预期的效果？

问题分析：

小刘的短视频运营未能取得预期的效果可能有哪些原因？小刘应该怎样优化短视频运营，让自己发布的短视频更受用户的欢迎，让更多用户看到短视频之后，愿意下单购买？

二、知识准备

短视频运营并不是随便拍摄视频，并把视频发布到短视频平台上就可以了。它是一个系统的工程，为了更好地完成这个工程，移动电商运营者需要做好多个方面的工作，如组建团队、策划剧本、拍摄视频、剪辑包装、上传发布、宣传推广和带货技巧等。

（一）组建团队

在短视频运营的过程中，"人"是重点，组建高效的短视频团队并不是一件容易的事，当然它也有一定的方法可寻。在组建团队之前，我们需要回答以下几个问题：

第一个就是需要什么人。这其实是根据工作的内容决定的，拍摄短视频需要做很多工作，如策划、拍摄、表演、剪辑、包装及运营等。如果拍摄的短视频内容方向为垂直电商类的，每周计划推出二三集内容，每集为5分钟左右，那么四五个人就够了，分别负责编导、运营、拍摄及剪辑工作。

第二个就是每个人负责什么具体工作。例如，第一个问题中提到的四个岗位，各自应该负责的任务，具体如图 4-18 所示。

第三个就是怎么为团队招到合适的人。招聘人员在任何行业和企业都是一大难题。但实际上，如果已经有了明确的目标，选择不会太难。如果没有明确的目标和需求，那么也不亚于大海捞针。

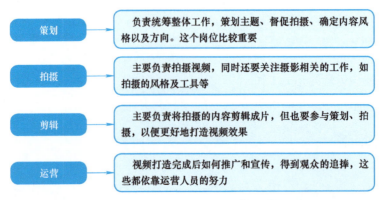

图 4-18　各岗位负责的具体工作

因此，对移动电商短视频团队的人员招聘而言，招聘要遵循相应的流程，如此才能有条不紊，招到合适的员工。具体的招聘流程如图 4-19 所示。

图 4-19　招聘短视频团队人员的流程

（二）策划剧本

打造一个优质的短视频，一个重要步骤是策划内容，写剧本。这一步的重点在于"内容"。只有以内容为重，才能进行下一步行动。

策划剧本，就如同写文章，有主题思想、开头、中间和结尾。其中情节的设计就是丰富剧本的组成部分，也可看成是小说中的情节设置。一篇成功的吸引人的小说必定少不了跌宕起伏的情节，剧本也是如此。因此，策划人员在策划剧本时要注意三点，如图 4-20 所示。

除情节上要多思考外，策划人员还要在台词、角色等方面多下功夫。台词和角色的策划要求如图 4-21 所示。

图 4-20　策划剧本的注意事项　　　　图 4-21　台词和角色的策划要求

（三）拍摄视频

拍摄视频是流程中的执行阶段，也是重中之重，重点就在于"拍"。当然，并不是拿着策划好的剧本就能马上拍，在开拍之前还要做好相关的准备工作。例如，如果是拍外景，就要提前对拍摄地点进行勘察，看看哪个地方更适合视频的拍摄。除此之外，还要注意一些事项，如图 4-22 所示。

当然，值得注意的是，在拍摄短视频的时候，是需要完备的条件的。设备、人员、内容，三者缺一不可。这三者的具体内容如图 4-23 所示。

图 4-22 拍摄短视频之前的注意事项　　　图 4-23 拍摄短视频需要的条件

（四）剪辑包装

短视频基本制作完成以后，并不表示大功告成了，此时还需要进行必要的后期处理。这一步的重点就在于"包装"。

对视频而言，剪辑是不可缺少的一个重要环节。在后期剪辑中，需要注意的是素材之间的关联性，如镜头运动的关联、场景之间的关联、逻辑性的关联及时间的关联等。

当然，在对短视频进行剪辑包装时，不是保证素材之间富有关联性就够了，其他方面的点缀也是不可缺少的。具体来说，剪辑短视频的主要工作内容如图 4-24 所示。

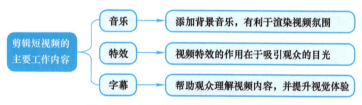

图 4-24 剪辑短视频的主要工作内容

在剪辑短视频的过程中，剪辑人员需要重点把握好三点，即"细""新"和"真"，如图 4-25 所示。

总的来说，后期包装并不是要让短视频拥有绚烂的特效，或是动人的背景音乐，而是要看剪辑师有没有用心在做这件事。因此，如果要对视频进行包装，一定要牢记上面提到的三个重点。

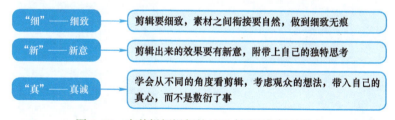

图 4-25 在剪辑短视频的过程中需要把握的重点

（五）上传发布

包装完短视频后，就要让它大放光彩了。这就需要做好上传和发布，简单来说即"分享"。一个作品如果只是完成了，但没有让更多人知道，那么它还没有达到真正意义上的成功。因为只有与他人分享了，才能知道自己的作品到底有没有达到预期效果。

短视频的上传和发布比较简单，渠道、平台多且广。如果是手机拍摄的视频，那么上传和发布就更加便捷了，可以说是一条路走到底，只要按着操作指示做就好。以抖音短视频平台为例，移动电商运营者可以通过以下步骤发布短视频。

步骤 01　登录抖音短视频 App，点击界面下方的图标，如图 4-26 所示。

步骤 02　执行操作后，进入"快拍"界面，点击界面中的"相册"按钮，如图 4-27 所示。

图 4-26　点击图标

图 4-27　点击"相册"按钮

步骤 03　进入"所有照片"界面。①选择需要发布的短视频；②点击"下一步"按钮，如图 4-28 所示。

步骤 04　进入短视频预览界面，在界面中查看短视频内容，确认无误后，点击"下一步"按钮，如图 4-29 所示。

图 4-28　点击"下一步"按钮（一）

图 4-29　点击"下一步"按钮（二）

步骤 05　进入后期处理界面，如果短视频已经处理好了，只需直接点击"下一步"按钮即可，如图 4-30 所示。

步骤 06 进入"发布"界面,在该界面中编辑短视频标题,选择短视频封面,并点击"发布"按钮,如图4-31所示。操作完成后,即可完成短视频的发布。

图4-30 分享页面　　　　　　　图4-31 分享至朋友圈

当然,在发布短视频时,移动电商运营者还得编写短视频标题。标题对一条短视频来说是非常重要的。优秀的短视频标题能够吸引用户点进去查看内容,从而增加短视频成为热门的概率。那么,爆款短视频的标题怎么写呢?

1. 拟写标题的原则

评价一个标题的好坏,不仅要看它是否有吸引力,还要参照其他的一些原则。在遵循这些原则的基础上撰写的标题,能让短视频更容易成为热门视频。

(1)换位原则。运营者在拟定短视频标题时,不能只站在自己的角度想要推出什么,而要站在用户的角度去思考。也就是说,应该将自己当成用户。如果你想知道这个问题,你会用什么搜索词去搜索这个问题的答案,这样写出来的标题会更贴近用户的心理。

因此,移动电商运营者在拟写标题前,可以先将关键词输入搜索引擎中进行搜索,然后从排名靠前的文案中找出它们写作标题的规律,再将这些规律用于自己要撰写的标题中。

(2)新颖原则。运营者如果想让标题形式变得新颖,可以采用多种方法。那么,运营者应该如何让标题形式变得更加新颖呢?

1)标题写作要尽量使用问句,这样比较能引起人们的好奇心。例如,"谁来'拯救'缺失的牙齿?"这样的标题会更容易吸引读者。

2)标题要尽量写得详细、细致,这样才会更有吸引力。

3)要尽量将利益写出来,无论是查看这个短视频后所带来的利益,还是这个短视频中涉及的产品或服务所带来的利益,都应该在标题中直接告诉用户。

(3)关键词组合原则。如果大家仔细观察,就会发现能获得高流量的标题,都是多个关键词进行组合之后的标题。这是因为,只有单个关键词的标题,它的排名和影响力远不如多个关键词的标题。

例如，如果仅在标题中嵌入"面膜"这一个关键词，那么用户在搜索时，只有搜索"面膜"这个关键词时，短视频才会被搜索出来。标题上如果含有"面膜""变美""年轻"等多个关键词，那么用户在搜索其中的任意关键词的时候，短视频都会被搜索出来，标题"露脸"的机会也就变多了。

2. 借助词根增加曝光

前文在介绍标题应该遵守的原则时，提到了写标题要遵守关键词组合的原则，这样才能凭借更多的关键词提升内容的"曝光率"，让自己的内容出现在更多用户面前。

在进行标题编写的时候，运营者需要充分考虑怎样吸引目标用户的关注。要实现这一目标，就要从关键词着手。要在标题中运用关键词，就要考虑关键词是否含有词根。词根指的是词语的组成根本。只要有词根，我们就可以组成不同的词。运营者在标题中加入有词根的关键词，才能将内容的曝光度提高。

3. 体现内容的主旨

俗话说："题好一半文"。它的意思就是，一个好的标题等于内容成功了一半。衡量一个标题好坏的方法有很多，而标题是否体现短视频的主旨就是衡量标题好坏的一个主要参考依据。

如果一个标题不能做到在用户看见它的第一眼就看懂它想要表达什么，由此得出该内容是否具有点击查看的价值，那么用户在很大程度上就会放弃查看。那么，标题是否体现短视频的主旨，将会造成什么样的结果呢？具体分析如图 4-32 所示。

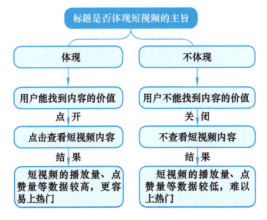

图 4-32　标题是否体现短视频的主旨将造成的结果分析

（六）宣传推广

短视频发布之后，移动电商运营者还需要对短视频进行宣传推广，扩大短视频的传播覆盖面。通常来说，短视频发布的平台上就有一些转发分享功能，移动电商运营者可以借助这些功能宣传推广短视频。

以抖音短视频平台为例，移动电商运营者可以进入需要宣传推广的短视频的播放界面，点击界面中的➡图标。操作完成后，会弹出"私信给朋友"提示框，如图 4-33 所示。该提示框中提供了一些转发分享渠道，移动电商可以有选择性地将短视频转发出去。

图 4-33 转发分享短视频

（七）带货技巧

移动电商运营者运营短视频账号的直接目的就是销售产品，实现变现。那么，移动电商运营者如何利用短视频进行带货，实现变现呢？下面是一些常见的技巧。

1. 做好脚本策划

无论是利用录制好的短视频进行推广还是直播带货，脚本的策划都是至关重要的。没有策划而直接进行带货，就像打一场没有准备的战斗，即使偶然成功，也无法形成规律性的工作方式，很难取得持续性的效果。以直播为例，做好脚本策划一般需要从以下几个方面入手。一是要搭建互补性团队，团队成员要清楚自己的角色定位及优势，在工作过程中，要在充分配合的基础上发挥各自的优势，最终形成团队优势。例如，选择形象气质、声音条件、表达能力比较好的成员做主播，选择头脑清楚、反应迅速的成员做副播，选择性格沉稳、严谨高效的成员进行数据分析，选择采购经验丰富、对客户需求掌握精准的成员从事选品工作等。二是要保证充足而合理的直播时间，足够的时长是保证销售效果的前提，而直播时间段主题与产品的预告，是形成客户好感的重要技巧，这样可以让客户感觉到主播团队非常尊重客户的时间。三是策划好时间节奏，如简短的开场、对客户问题的及时反馈、对常规问题的预先准备等。四是客户需求分析与产品竞争优势的提炼，要尽可能保证产品优势的突出，而且这种优势要与客户需求匹配，可以是价格，可以是性价比，也可以是产品的某种功能。五是必要的话术、促销与场景策划，如主播同步采购、真实库存数量及时公布、红包及抽奖活动、限时福利、倒计时抢购、明星主播联合开播等。

当然无论进行怎样的策划，首先都要保证产品的品质，互联网快速发酵的特点是个双刃剑，它既能让优质产品短期内被大众迅速接受，也能在一夜之间让问题产品被彻底淘汰，所以移动电商从业者对于互联网始终要怀有敬畏之心，只有真正从消费者的核心价值出发去做策划，才能长久地立于不败之地。

2. 唤起目标用户的需求

一款产品要想获得较为可观的销量，必须唤起消费者的需求，让消费者在看到产品的价值之后，愿意花钱进行购买。

同样的产品，在不同店铺中的销量却出现比较大的差别。这是为什么呢？当然，这可能与店铺的粉丝量有一定的关系。那么有些店铺粉丝量差别不大，同样的产品销量差别却比较大，又是什么原因呢？

其实，除了店铺自身的粉丝量之外，一款产品的销量，还会受到店铺宣传推广的影响。如果运营者能够在短视频中唤起目标用户的需求，产品的销量自然会更有保障。

那么，怎么唤起目标用户的需求呢？关键就在于通过短视频的展示，让用户看到产品的用途，让用户觉得这款产品确实是值得购买的，产品带给客户的感受甚至超出客户的预期。

3. 点出核心用户群体

虽然目标用户基数越大，接收信息的人数可能越多。但这并不代表获得的营销效果就一定会越好。

为什么这么说呢？因为购买产品的只是那些对产品有需求的用户群体，如果运营者没有针对有需求的用户群体进行营销，而是花大量时间进行广泛宣传，那么很可能因为对核心用户群体把握不准，从而难以达到预期的带货效果。

与其将产品进行广泛宣传，一味地扩大产品的用户群体，不如对产品进行分析，找出核心用户群体，然后针对核心用户群体进行带货。这不仅能增强营销的针对性，也能让核心用户群体一眼就看到产品对自己的价值。

4. 提前做好预售"种草"

在产品还未正式上线时，许多商家会先通过预售"种草"，提高目标消费群体的关注度。在抖音中，运营者也可以通过两种预售"种草"形式促进产品的推广。

短视频主要由画面和声音两个部分组成，运营者可以针对这两个部分分别进行预售"种草"。画面部分，运营者可以让预售的相关文字出现在画面中。声音部分，运营者可以通过口头的方式向用户传达产品预售信息，增强产品对用户的吸引力，实现预售"种草"。

消费者都是趋利的，许多消费者为了买到更便宜的产品会货比三家。所以，当运营者在抖音发布预售信息时，用户如果想购买产品，很可能就会对产品的价值进行评估。此时，运营者如果在预售中给出一定的折扣，用户就会觉得产品价格已经便宜了不少，产品更值得购买了。

5. 将硬广告变成推荐

越来越多的人开始对广告，特别是硬广告产生抵触情绪。部分人在看到硬广告之后，不仅不会有丝毫购买产品的意愿，甚至还会因为对硬广告的厌恶，直接拉黑推出硬广告的品牌，决心不再购买该品牌的产品。

其实，硬广告的目的无非就是营销。同样是营销，如果换一种方式，可能会取得更好的效果。例如，运营者从好物推荐的角度进行营销，让用户看到产品的用处，从而让用户因为产品好用而进行购买。

三、任务实施

任务目标

通过本任务实训，让学生学会自主策划和运营短视频，并通过短视频运营打通产品的营销渠道。

实训任务

选取一个产品，如某款裙子，打造一条推广短视频，引导用户购买该款裙子。

实施步骤

第一步，确定要推广的裙子，并提炼出该款裙子的卖点。

第二步，策划短视频剧本，确定要拍摄的镜头数量，将每个镜头要拍摄的内容，如场景、人物和展示的重点绘制成表格，具体可以参照表4-7。

表4-7 每个镜头要拍摄的内容

镜头	场景	人物	展示的重点
镜头1			
镜头2			
镜头3			

第三步，根据策划的短视频剧本，确定短视频的拍摄场景、时间、地点、人物和道具等。

第四步，拍摄每个镜头的画面，为短视频的制作准备素材。

第五步，对拍摄的短视频进行后期处理，提高短视频的质量，并将其发布。

第六步，对短视频进行宣传推广，让更多用户看到短视频，从而让更多用户购买裙子，提高裙子的销量。

四、知识巩固

1. 短视频运营没那么复杂，只要将随手拍摄的短视频发布出去就好了。（判断题）
（   ）
   A．对　　　　　B．错

2. 在组建短视频运营团队时，要确定每个人的工作内容，确保短视频生产中的每个环节都有专门的人负责。（判断题）　　　　　　　　　　　　　　　　　　（   ）
   A．对　　　　　B．错

3. 在策划剧本时要注意哪些事项？（多选题）　　　　　　　　　　　（   ）
   A．构思要切中用户的要害　　　　B．情节要满足用户的需求
   C．内容要引发用户的共鸣　　　　D．顺其自然就好了

4. 在剪辑短视频时，剪辑人员需要把握哪几点？（多选题）　　　　　（   ）
   A．细致　　　　B．新意　　　　C．真诚　　　　D．顺眼

5. 剪辑短视频的主要工作内容包括以下哪些？（多选题）　　　　　　（   ）
   A．音乐　　　　B．特效　　　　C．拍摄　　　　D．字幕

五、课外训练

将"任务实施"中的裙子换成其他产品或服务,如男装、运动鞋、零食和儿童玩具等,并围绕该产品进行短视频的策划和运营,评估运营的效果,为短视频的运营积累经验。

任务四　策划与实施视频直播运营

近年来,直播行业获得了飞速发展,各大直播平台都聚集了大量的流量。因此,许多移动电商运营者做起了直播。

当然,对新手来说,做好直播并不是一件容易的事。因为无论是直播内容的策划,还是直播的运营,都是需要不断学习和改进的。

学习目标:

◎ 了解直播的脚本策划
◎ 学会直播预热的方法
◎ 学会直播带货五步法
◎ 掌握直播带货的技巧

一、任务描述

案例描述

王阿姨是一家线下服装店的老板,前几年她发现很多人不来店里购物了,于是就入驻了几个移动电商平台。可是,最近这两年,王阿姨发现移动电商平台上店铺的销量也上不去了。

一天,王阿姨看到女儿在看电商直播,也跟着看了一会儿。她发现,在那场直播中,很多产品刚上架不久就被抢完了。于是,王阿姨做了一个决定:自己也开直播销售服装。

但是,开了一段时间的直播之后,王阿姨有点儿想放弃了。因为有时候她开了几个小时的直播,也没卖出去几件。而且由于没有经验,她有时候还会被看直播的人问得哑口无言。

王阿姨的女儿看过王阿姨的直播,她在听到妈妈想放弃时,表达了自己的看法。她觉得妈妈的直播之所以没有取得预期的效果,是因为妈妈不懂如何策划和运营直播,把直播当成了简单的产品展示。

问题分析:

新人入驻直播平台之后,要如何快速站稳脚跟?在直播策划和运营的过程中,要做好哪些工作?王阿姨应该如何提高自身的带货能力?

二、知识准备

对移动电商运营者来说,直播不失为一种提高产品销量的有效手段。当然,要想通过直播获得更高的销量,移动电商运营者还要掌握直播的相关技巧,通过脚本策划、直播预热和带货技巧,让更多用户愿意购买你的产品。

（一）直播之前先策划好脚本

移动电商运营者如果想提高直播的成功率，增强直播带货效果，就要策划好直播脚本。因为在正式开始直播之前，移动电商运营者需要通过直播脚本策划，做好各方面的工作安排。那么为什么要策划直播脚本呢？策划直播脚本有三个目的，如图4-34所示。

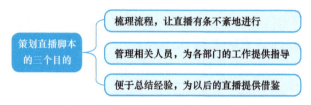

图4-34　策划直播脚本的三个目的

移动电商运营者要想通过直播策划达到预期的目的，还得重点做好直播脚本内容的策划。接下来，通过直播脚本策划的内容和模板的解读，帮助大家更好地进行直播脚本的策划。

1. 直播脚本策划的内容

直播脚本一般包含九个方面的内容，即目标、类型、简介（主要内容）、人员安排、时间、主题、流程细节、推广分享以及总结，具体内容如下。

（1）目标。在策划直播脚本时，策划人员首先要明确达到的目标是什么，这个目标要尽可能具体化、量化，只有这样才会有方向和动力。例如，观看人数、转化率和成交额等。

（2）类型。确定了直播目标之后，还需要根据目标来确定直播的类型。类型的确定实际上就是锁定目标用户群体，从而更好地形成自己的风格和特色。

（3）简介。简介是对整个直播的核心内容进行提炼和概括，让用户一眼就能明白和了解直播的大概内容。

（4）人员安排。直播包含的环节比较多，一个人要完成一场直播是比较困难的。所以，这时候就需要组建专门的运营团队，安排人员来协助完成各项工作，这样才能集众人的力量把直播做得更好。

（5）时间。确定时间是直播脚本的一个重要组成部分。直播的时间选择，需要根据相关人员的时间安排来定。毕竟，只有在直播的相关人员都有时间的情况下，才能保证直播的顺利进行。

另外，直播时间还需要迎合粉丝群体的生活习惯和需求。例如，周一至周五，这段时间绝大部分人白天都在工作或者读书，所以直播最好选择在晚上进行；而星期六或星期天，则下午或者晚上都可以直播。合理地选择直播时间能够增加直播的观看人数。

确定好时间之后一定要严格执行，尽量使直播时间段固定下来，这样能够将策划好的脚本内容落到实处，提高工作的效率。

（6）主题。主题本质上就是告诉用户做直播的目的是什么，明确主题能够保证内容的方向不会跑偏。主题可以从不同角度来确定，如产品的效果展示、功能特色、优惠福利或者方法技巧教程等，需要注意的是主题要足够清晰。

（7）流程细节。流程细节是指所有的步骤和环节，都有对应的细节和时间节点可以把控。

（8）推广分享。直播的推广分享是必不可少的。通过推广分享，可以吸引更多用户观看直播，从而有效地提高直播的热度。

（9）总结。直播结束之后，移动电商运营者要对整个过程进行回顾，总结经验和教训，发现其中存在的问题和不足，对一些好的方法和措施要保留和继承，以此来不断地完善和改进自己的工作。

2. 直播脚本策划模板

前文提到了直播内容的流程细节，那么一个完整的直播脚本策划包括哪些环节和步骤呢？下面以某直播为例，介绍直播脚本的策划模板。

（1）直播主题。直播的主题可以体现在直播间的标题上。某直播的主题为"微胖妹妹夏季显瘦穿搭"，所以可将该主题作为直播的标题。

（2）主播及介绍。此次直播的主播是"倔强的微胖"，该主播的身份是：品牌主理人、时尚博主和模特。

（3）直播时间。2021年5月5日14点到18点。

（4）内容流程。该直播的内容流程一共分为12个环节，具体如下：

1）前期准备。直播开始之前的准备工作，包括直播宣传、明确目标、人员分工、设备检查和产品梳理等。

2）开场预热（14:00～14:15）。主播先与观看直播的用户适度互动，并进行自我介绍等。

3）品牌介绍（14:15～14:30）。强调关注店铺和预约店铺直播。

4）活动介绍（14:30～15:00）。直播福利、简介流程和引导粉丝点赞与关注。

5）产品讲解（15:00～16:00）。从外到内，从宏观到微观，语言生动真实。

6）产品测评（16:00～16:30）。从用户的角度全方位体验产品。

7）观众互动（16:30～17:00）。为用户进行案例讲解、故事分享、疑问解答等。

8）试用分享（17:00～17:15）。客观分享测评结果和推荐理由，切忌夸夸其谈。

9）抽取奖品（17:15～17:30）。抽奖互动，穿插用户问答。

10）活动总结（17:30～17:45）。再次强调品牌、活动以及自我调性。

11）结束语（17:45～18:00）。准备下播，引导关注，预告下次内容和开播时间。

12）复盘。直播结束之后，移动电商运营者要对整个过程及时进行复盘，发现问题、调整脚本、优化不足等。

以上就是直播脚本策划的整个流程。当然，要制定一份详细、清晰和可执行的脚本，还要考虑各种突发状况的应对方案，这样才能更好地保证直播的顺利进行和达到预期的带货效果。

（二）做好直播的预热工作

在正式开启直播之前，移动电商运营者可以通过一些预热工作为直播造势，以吸引更多用户收看直播。例如，移动电商运营者可以通过发布直播预告，让用户提前了解直播的相关信息；又如，移动电商运营者可以预告直播时间，让用户知道何时进行直播。

1. 发布直播预告

在正式直播之前，移动电商运营者可以先通过发布文章、短视频等方式，对直播内容进行预告，让用户了解直播的关键内容。这样，用户在了解之后，就可能对直播内容感兴趣，进而想观看你的直播。

2. 预告直播时间

如果移动电商运营者确定了直播的时间，可以通过预告直播时间，将确定的开播时间告知用户，让用户记得观看你的直播。以抖音短视频平台为例，移动电商运营者可以通过如下步骤，对预告直播时间进行设置。

步骤 01　登录抖音短视频App，点击"快拍"界面中的"开直播"按钮，进入"开直播"界面，点击界面中的"设置"按钮，如图4-35所示。

步骤 02　执行操作后，会弹出"设置"提示框，点击提示框中"直播公告"后方的"未设置"按钮，如图4-36所示。

图4-35　点击"设置"按钮

图4-36　点击"未设置"按钮

步骤 03　执行操作后，会弹出"直播公告"提示框，点击"启用直播公告"后方的⬤图标，如图4-37所示。

步骤 04　执行操作后，⬤图标会变成⬤图标，点击"开播时间"后方的"请选择"按钮，如图4-38所示。

步骤 05　执行操作后，会弹出"预告开播时间"提示框。①设置开播时间；②点击"保存"按钮，如图4-39所示。

步骤 06　执行操作后，返回"直播预告"提示框，会显示设置的开播时间。①设置直播公告内容；②点击"保存"按钮，如图4-40所示。

步骤 07　执行操作后，抖音官方发送"直播公告审核结果"的通知中会显示"已为你开启直播公告"，意味着预告直播时间设置成功了，如图4-41所示。

图 4-37 点击 图标

图 4-38 点击"请选择"按钮

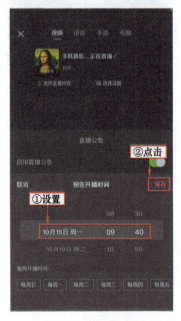

图 4-39 点击"保存"按钮（一）

图 4-40 点击"保存"按钮（二）

图 4-41 预告直播时间设置成功

（三）学会直播带货五步法

至此，很多人还是想了解如何更好地进行短视频直播带货，接下来将介绍直播带货的五步法，帮助新人主播更好地提高直播的成交率。

1. 取得用户信任

短视频平台中的直播很多，为什么用户会选择在你的直播间购买产品呢？那是因为用户信任你。所以在直播带货的沟通中，我们重点需要建立与用户之间的信任。具体来说，主播可以从以下几方面获得更多用户的信任。

（1）维持老客户的复购率。经营服务好老客户，给予优惠或福利，调动这部分用户的购买积极性，借助老客户来挖掘更多潜在的客户。

（2）提供详细全面的产品信息。如果主播在直播中介绍得不够详细、全面，用户可能会因为对产品不够了解而放弃下单。所以在直播带货的过程中，主播要从用户的角度出发，对产品进行全面、详细的介绍，必要时可以利用认知对比原理，将自身产品与其他的店家产品进行比较。例如，在包包销售直播中，主播可以将自己销售的正品与市场上的假货进行比较，向用户展示自身产品的优势，让用户在对比中提高对产品的认知，从而提高用户的购买欲望。

（3）提供可靠的交易环境。在直播交易中，商家提供的交易方式也会影响用户的信任度。一个安全可靠的交易平台会让用户在购买时更放心，所以运营者和主播需要向用户保证所进行的交易是安全可靠的，不会出现欺诈、信息泄露等情况。

（4）进行有效的交流沟通。主播在直播时应该认真倾听用户的提问，并进行有效的交流和解答。如果在沟通过程中，用户有关产品的提问被主播忽视了，就会因此产生不被尊重的感觉。所以主播在进行直播带货时，需要给予用户适当的回应，以表示对用户的尊重。对此，主播在进行短视频直播的过程中，可以专门任用小助手，负责直播答疑。必要时主播还可以任用多名小助手，让他们进行分工合作，这样更有利于直播间的管理。

（5）建立完善的售后服务。完善的售后服务可以树立更好的口碑，同时也是影响用户信任度的重要因素之一。用户购买完产品后可能会遇到一些问题，作为商家代表的运营者和主播应该及时处理，避免影响用户的购物体验和信任度。

2. 塑造产品价值

消费者形成对产品的信任，首选是因为商品具有价值与使用价值，这是两个基本前提，但对于消费者购买决策而言，仅仅具备这两个基本前提是远远不够的，甚至于有些时候产品的使用价值完全不重要，而带给消费者的主观感受才是更重要的。例如，钻石的使用价值在日常生活中几乎是完全发挥不出来的，没有人会用结婚钻戒去切割玻璃，但这并不影响消费者对于钻石的选择。从这个意义上来说，我们将产品或者商品的价值塑造过程分为两个阶段：价值与使用价值塑造阶段和营销价值塑造阶段。

价值与使用价值塑造，即产品的选材、外形、功能、配件、构造和工艺等；营销价值塑造，即展示产品的独特性、稀缺性、优势性和利益性等。在短视频直播中我们主要进行的是产品营销价值塑造。产品价值塑造如图 4-42 所示。

图 4-42　产品价值塑造

（1）产品的独特性。产品的独特性可以从产品的设计、造型出发。产品的设计可以是产品的取材，例如某化妆品中含有 Pitera，并且商家声明该物质可以改善肌肤表皮层代谢过程，让女性肌肤水润，这就是产品独特性的塑造。

产品独特性的塑造可以让产品区别于其他同类产品，凸显出该产品的与众不同。当然在直播带货中，产品独特性的塑造必须要紧抓用户的购买需求。例如，某化妆品的功效是改善女性肌肤状态，主播在直播时就可以紧紧围绕女性想要改善肌肤的需求进行独特性的塑造。

（2）产品的稀缺性。产品的稀缺性体现在市场上供应量小或是供不应求。对于这样的产品，运营者和主播可以重点做好数据的收集，让用户明白能买到该产品的机会不多。这样一来，用户为了获得产品，就会更愿意在直播间下单。

（3）产品的优势性。产品的优势性重点是产品的先进技术优势，这主要体现在研发创新上。例如，在手机或其他电子产品的直播中，可以借助产品的技术创新进行价值塑造，要抓住刷新用户认知的产品特点进行讲解，给用户制造惊喜，满足用户的期望。

除此之外，运营者和主播还可以从产品的造型优势出发，例如在销售包的短视频直播中，小型包可以强调轻巧便捷；中等型号的包可以强调刚好适合放置手机以及钱包、口红，并且外形独特又百搭，适合拍照；较大型号的包可以强调容量大，可放置化妆包、雨伞，并且适合短期旅行。这些都是从不同产品的特点出发，表达各自具有的优势。

（4）产品的利益性。产品的利益性是指产品与用户之间的利益关系，产品的利益价值塑造需要站在用户的角度进行阐述。例如，在销售家电的短视频直播中，主播可以强调产品给用户生活带来的便捷之处。但无论是哪方面的价值塑造，都是基于产品本身的价值使用户获得更好、更舒适的生活体验，这也是产品价值塑造的基础。

以上塑造价值的方法都是基于产品本身的特点所进行的。除此之外，主播还可以通过赋予产品额外价值来实现对产品价值的塑造，赋予产品额外价值的方法有两个，如图 4-43 所示。

图 4-43　赋予产品额外价值的方法

3. 了解用户需求

在短视频直播带货中，用户的需求是影响产品销售的重要因素。需求分为两大类，一类是直接需求，也就是所谓的用户痛点，比如用户在购买时表达的想法，以及需要什么样类型的产品,这就是直接需求。

另一类则是间接需求,这类需求分为两种:一种是潜在需求,主播在带货过程中可以引导用户的潜在需求,激发用户的购买欲望,潜在需求可能是用户没有明确表达的,或者是语言上不能清晰表明的;另一种是外部因素引起的需求,由于环境等其他外部因素导致用户产生的需求。

在直播带货的过程中,运营者和主播不要只停留在用户的直接需求上,还应该挖掘用户的间接需求。如何了解用户的间接需求呢?可以从以下角度出发:

(1)客观分析用户的表达。当用户通过评论在直播间提问时,主播要细心分析用户的言语,去思考用户真正所需要的产品。可能用户本身存在表达不清晰的问题,此时主播就可以通过直播进行引导。

(2)选择与用户相符合的产品。每件产品都有适合的用户群体,主播推荐的产品与用户相匹配,就能引起共鸣,进而满足用户的需求。

例如,高端品牌的抖音直播比较符合高消费人群的喜好,这类用户在购物时可能更注重产品的设计感和时尚感,在消费价格上则不太计较。因此,主播可以在把握顾客心理的基础上,重点讲解产品的优势。

4. 根据用户需求推荐

了解了用户的需求之后,便可以根据用户的需求推荐产品了。当短视频直播弹幕中表达需求的用户比较少时,主播可以借机进一步询问用户对产品的具体要求,比如用户是否对材质、颜色和价格等有要求。

确定了用户的具体需求之后,主播还可以通过直播向用户展示产品的使用效果,并对产品的细节设计进行说明,让用户更好地看到产品的优势,从而提高用户的购买欲望。

5. 促使用户下单

根据需求推荐产品之后,主播可以通过限时和限量等方式营造紧迫感,让用户产生抢购心理,促使用户下单。

(1)通过限时营造紧迫感。主播可以制造时间上的紧迫感,例如进行产品的限时抢购、限时促销等。通常来说,这类产品的价格相对平时比较实惠,所以往往也能获得较高的销量。

除此之外,主播还可以通过直播标题制造时间上的紧迫感。例如,可以将"限时抢购"等词汇直接写进短视频直播标题里。

(2)通过限量营造紧迫感。主播可以通过限量的方式向用户提供优惠,限量的产品通常是限时抢购的产品,但是也有可能是限量款,还有可能是清仓断码款。因为这类产品的库存比较有限,所以对产品有需求的用户,会快速下定购买产品的决心。

(四)掌握直播带货的技巧

在进行直播带货的过程中,移动电商运营者和主播还得掌握一些常用的带货技巧。下面重点介绍六种直播带货技巧,帮助主播快速提高直播间的转化率。

1. 利用卖点提高销量

产品卖点可以理解成产品的优势、优点或特点，也可以理解为自家产品和别家产品的不同之处。怎样让用户选择你的产品？和别家的产品相比，你家的产品的竞争力和优势在哪里？这些都是直播带货过程中要重点考虑的问题。

在观看直播的过程中，用户或多或少会关注产品的几个卖点，并在心理上认同该产品的价值。在这个便于达成交易的时候，促使用户产生购买行为的产品介绍，就是产品的核心卖点。找到产品的卖点，便可以让用户更好地接受产品，并且认可产品的价值和效用，从而达到提高产品销量目的。

此外，主播要想让销售的产品有不错的成交量，还需要满足目标用户的需求，而满足目标用户的需求也是通过挖掘产品的主要卖点来实现的。

但是，如果满足目标用户需求的产品在与其他产品的对比中体现不出优势，那这样的产品就没有卖点了。要想使产品的价值更好地呈现出来，主播需要学会从不同的角度来挖掘产品的卖点。下面以服装类产品为例，为大家介绍一些挖掘卖点的方法：

（1）结合当前流行趋势挖掘卖点。流行趋势就代表着有一群人在追随这种趋势。移动电商运营者在挖掘服装的卖点上，可以结合当前流行趋势来找到服装的卖点，这也是各商家惯用的营销手法。

例如，当市面上大规模流行莫兰迪色系的时候，就可以通过"莫兰迪色系"这个标签来吸引用户的关注；当夏天快要来临，女性想展现自己身材时，销售连衣裙的商家就可以将"穿上更修身"作为卖点。

（2）从服装的质量角度挖掘卖点。产品质量是用户购买产品时的关注重点。大部分人购买产品时，都会将产品的质量作为重要的参考要素。所以，主播在直播带货时，可以重点从产品的质量上挖掘卖点。例如，主播在挖掘服装的卖点时，可以将商家标明的质量卖点作为直播的重点内容，向用户进行详细说明。

（3）借助名人效应打造卖点。大众对于名人的一举一动都非常关注，他们希望可以模仿名人的穿搭方式，以得到心理上的满足。这时，名人同款就成为服装的一个宣传卖点。

名人效应早已对生活中的各方面产生了一定的影响，例如选用明星代言广告，可以刺激用户消费；明星参与公益活动项目，可以带领更多的人去了解并参与公益。名人效应就是一种品牌效应，它可以起到获取更多人关注的作用。

主播要学会利用名人效应来营造、突出服装的卖点，这样便于吸引用户的注意力，让他们产生购买的欲望。

2. 借助用户树立口碑

在用户消费行为日益理性的当下，口碑的建立和积累可以为短视频直播带货带来更好的收益。建立口碑的目的就是为品牌树立一个良好的正面形象，并且口碑的力量会在使用和传播的过程中不断加强，从而为品牌带来更多的用户流量，这也是商家都希望用户能给好评的原因。

许多直播中销售的产品，链接的都是电商平台的产品详情页。而许多用户在购买产品时，又会查看店铺的相关评分，以此来决定要不要购买直播中推荐的产品。所以，此时提高店铺的评分就显得尤为重要了。

优质的产品和售后服务都是口碑营销的关键，处理不好售后问题会让用户对产品的信任大打折扣，并且降低产品的复购率，而优质的售后服务则能让产品和店铺获得更好的口碑。

口碑体现的是品牌和店铺的整体形象，这个形象的好坏主要体现在用户对产品的体验感上，所以口碑营销的重点还是不断提高用户的体验感。具体来说，用户的体验感，可以从三个方面进行改善，如图4-44所示。

图4-44 改善用户体验感的方法

3. 展现产品自身的实力

在直播的过程中，主播可以展示使用产品之后给用户带来的改变。这也是证明产品实力的好方法，只要改变是好的，对用户而言是有实用价值的，那么用户就会对主播推荐的产品感兴趣。用户在观看直播时如果发现了产品的与众不同之处，就会产生购买欲望，所以在直播中展示产品给用户带来的变化是非常重要的。

例如，某销售化妆品的店铺在策划直播时，为了突出自家产品的非凡实力，决定通过一次以"教你一分钟化妆"为主题的直播活动来吸引用户。因为一分钟化妆听起来有些不可思议，所以该直播吸引了不少用户的目光。这场直播不仅突出了产品的优势，而且还教会了用户化妆的技巧。因此，该店铺的这场直播，不仅在短时间内吸引了6 000多人观看，还获得了数百笔订单。

4. 比较同类产品的价格

买家在购买商品时都喜欢"货比三家"，然后选择性价比更高的商品。但是很多时候，用户会因为不够专业而无法辨别产品的优劣。此时主播在直播中可通过与竞品进行对比，从专业的角度，向用户展示差异化，以增强产品的说服力以及优势。

对比价格在直播中是一种高效的方法，可以带动气氛，激发用户购买的欲望。相同的质量，价格却更为优惠，那么直播间一定是高销量。常见的价格对比方式就是，某类产品的直播间价格与其他销售渠道中的价格进行对比，让用户直观地看到直播间产品的价格优势。

例如，某短视频平台直播间中销售的煲汤砂锅的常规价为13.9元，券后价则只要9.9元。此时，主播便可以在电商平台上搜索煲汤砂锅，展示其价格，让用户通过对比看到正在销售的产品的价格优势。

5. 以增值内容提高获得感

在直播时，主播要让用户心甘情愿地购买产品，其中比较有效的一种方法是为用户提供增值内容。这样一来，用户不仅获得了产品，还收获了与产品相关的知识或者技能，自然是一举两得，购买产品也会毫不犹豫。

那么增值的内容提供应该从哪几个方面入手呢？我们将其大致分为三点，即陪伴、共享和学到东西。

典型的增值内容就是让用户从直播中获得知识和技能。例如，某销售手工产品的直播间中，经常会向用户展示手工产品的制作过程。该直播不仅能让用户看到手工产品的制作过程，还会教用户一些制作的技巧。

在主播制作产品的同时，用户还可以通过弹幕向其咨询制作产品的相关问题，如"这个花是用什么材质做的？""这里是要把材料慢慢捏成花瓣的形状吗？"等，主播通常也会耐心地为用户进行解答。

这样的话，用户不仅通过直播得到了产品的相关信息，而且还学到了产品制作的窍门，对手工制作也有更多了解。用户在了解了产品的制作过程之后，就会想要购买主播制作的产品，或者购买材料，自己制作手工产品。这样一来，直播间产品的销量自然也就上去了。

6. 呈现产品的使用场景

在直播营销中，想要不露痕迹地推销产品，不让用户感到太反感，比较简单有效的方法就是将产品融入场景。这种场景营销类似于植入式广告，其目的在于营销，方法可以多种多样。将产品融入场景的技巧如图4-45所示。

图4-45 将产品融入场景的技巧

例如，在某个销售茶叶的直播间中，主播在家中拿着一个款式比较常见的茶杯，向用户展示泡好的茶。因为在日常生活中，许多人在家里都会用这样的茶杯泡茶，所以用户在看到这样的泡茶场景之后会觉得非常熟悉，就像直播中的茶是自己泡的一样，这便达到了让用户融入产品使用场景的目的了。

因此，用户看到直播中展示的茶叶使用场景之后，就会觉得该茶叶看上去很不错。这样一来，观看直播的用户自然会更愿意购买该产品，茶叶的销量自然而然也就上去了。

三、任务实施

任务目标

通过本任务实训，让学生学会独立策划和运营一场直播。

实训任务

以明天20点至22点要开一场抖音直播为例，对直播的整个流程进行策划和运营，熟悉直播的相关工作。

实施步骤

第一步，确定直播的主题。

第二步，根据直播的主题，策划直播的内容流程，并确定每个流程的时间以及具体的内容。对此，我们可以参照前面学过的直播脚本策划模板来制作一张表，见表4-8。

表 4-8 直播流程表

具体流程	时间	具体内容
前期准备		
开场预热		
品牌介绍		
活动介绍		
产品讲解		
产品测评		
观众互动		
试用分享		
抽取奖品		
活动总结		
结束语		
复盘		

第三步，组建直播团队，根据直播脚本确定每个人的工作，并根据主题布置好直播间的环境。

第四步，做好抖音直播预热，设置直播的开播时间和公告内容，如图 4-46 所示。

图 4-46 设置开播时间和公告内容

除此之外，移动电商运营者还可以在抖音账号的简介中展示直播时间（只需要重点写清开播时间即可）。

具体来说，移动电商运营者可以进入抖音 App 的"我"界面，点击"编辑资料"按钮，如图 4-47 所示。执行操作后，进入"编辑个人资料"界面，选择"简介"选项，如图 4-48 所示。执行操作后，在"个人简介"中，①输入开播时间，如"直播时间：明晚 20 点"；②点击"保存"按钮，如图 4-49 所示。执行操作后，返回"我"界面，即可看到简介中展示的直播时间，如图 4-50 所示。

第五步，根据脚本中的直播流程进行直播，尽量把握好每个时间节点，有需要的移动电商运营者可以在正式开播之前先进行一次演练。

第六步，根据直播的销量、流量和氛围等，对直播的效果进行评估，总结这场直播中做得好的地方和需要改进的地方，并在此基础上制作一个直播效果评估表，见表4-9。

图4-47 点击"编辑资料"按钮

图4-48 选择"简介"选项

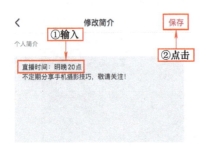

图4-49 点击"保存"按钮

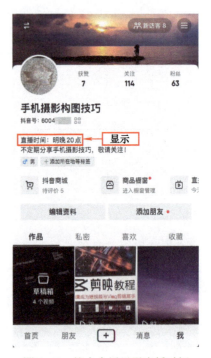

图4-50 简介中展示了直播时间

表 4-9 直播效果评估表

项　目	做得好的	需要改进的
销量		
流量		
氛围		

四、知识巩固

1. 直播不需要做太多准备，只要把产品展示给用户就可以了。（判断题）　（　　）

　　A. 对　　　　　　B. 错

2. 直播脚本中需要明确直播的目标、类型、简介、人员安排、时间和主题等信息。（判断题）　（　　）

　　A. 对　　　　　　B. 错

3. 移动电商运营者可以通过发布文章、短视频等方式，对直播内容进行预告。（判断题）

（　　）

　　A. 对　　　　　　B. 错

4. 在直播之前，需要做好哪些预热工作？（多选题）　（　　）

　　A. 策划直播脚本　　　　　　B. 发布直播预告

　　C. 预告直播时间　　　　　　D. 展现增值内容

5. 以下哪些属于直播带货的常见技巧？（多选题）　（　　）

　　A. 利用卖点提高销量　　　　B. 借助用户树立口碑

　　C. 展现产品自身的实力　　　D. 呈现产品的使用场景

五、课外训练

观看一场移动电商直播，分析这场直播有哪些值得学习的地方，又有哪些需要改进的地方。通过分析和总结，积累直播的相关经验。

project 5

项目五
移动电商数据运营与效果监测

导 读

大数据时代的宏伟蓝图

大数据开启信息化新时代,其广泛应用推动数字经济实现快速发展。电子商务行业的诞生本身就是信息化时代的产物,因此大数据技术的发展对电子商务的影响也是不言而喻的。我国通过启动国家级超大规模云数据中心建设项目,已经形成了三大基地、八大节点的战略布局。

中心基地:北京

2015年1月16日,由蓝汛与北京市供销总社共同投资的蓝讯首鸣国际数据中心项目启动仪式在北京天竺综合保税区举行。该数据中心是北京首个国家级、超大规模云数据中心,产业园占地面积8万平方米,包含9栋数据中心机房和1栋感知体验中心。

南方基地:贵州

2015年7月9日,首个国家级数据(灾备)中心落户贵州,这标志着大数据专项行动第一阶段任务顺利完成。位于贵州贵安新区的国家旅游大数据库灾备中心机房内,有着一根特殊的网络虚拟专线,这条专线跨越了北京与贵州之间2 200多公里的距离,实现了国家旅游局北京机房与贵州灾备中心数据的同步传输和异地备份。

北方基地：乌兰察布

乌兰察布国家大数据灾备中心启动大会于2016年7月8日早上八点正式开幕。乌兰察布市委市政府依据自身地理位置优越、地质板块稳定、电力资源丰富、气候冷凉适宜、临近京津冀经济圈核心市场等优势，将信息产业作为战略性新兴产业来发展，致力于将乌兰察布市打造成面向华北、服务京津的国家级云计算产业基地，为承接高科技产业、加快产业转型升级提供强有力的支撑。

经过7年的建设，围绕三大基地，我国大数据布局框架已经形成了八大节点，网络的核心层由北京、上海、广州、沈阳、南京、武汉、成都、西安这八个城市的核心节点组成。

大数据战略的成功实施，为数字经济的腾飞奠定了坚实的基础，更为电子商务的进一步发展提供了千载难逢的良机。

任务一　理解运营分析指标体系

对于移动电商运营者来说，数据分析是必须要做的运营工作之一。通过数据分析，移动电商运营者可以直观地判断运营效果，并据此调整自身的运营策略。

当然，每个移动电商运营者的具体运营情况不同，应当根据自身情况建立恰当的运营分析体系，从而对数据进行全面、系统的分析。

学习目标：
◎ 了解数据分析的基础知识
◎ 掌握运营分析的指标体系

一、任务描述

案例描述

最近，张三运营的几家移动电商店铺的销量都不是很理想，他也不知道是哪个地方出了问题。听别人说通过数据分析可以快速地找到自身问题，于是张三试图通过相关数据进行分析。

但由于没有数据分析的经验，张三收集到的数据比较有限，他不知道如何找到更有价值的数据。同时，他也不知道要重点分析哪些数据，怎样通过数据判断自身的运营情况。

问题分析：

张三通过哪些渠道才能找到更多的移动电商运营数据？如何系统地分析自身的运营情况？

二、知识准备

在移动电商的运营过程中，大部分人会通过数据分析了解自身的运营情况。对于数据分析新手来说，要弄清运营分析指标体系的相关数据，需要重点做好两个方面的工作，即了解数据分析的基础知识和掌握运营分析的指标体系。

(一)数据分析的基础知识

在了解移动电商运营分析指标体系之前,移动电商运营者需要先了解数据分析的一些基础知识,从而更好地根据运营分析指标解析相关数据。下面具体讲解数据分析的目的、数据分析的发展前景、数据的查看方式、数据分析的工具和数据的优化技巧。

1. 数据分析的目的

对于移动电商运营者来说,要想更好地进行运营,就必须学会借助数据分析了解运营情况,并据此找到提升运营效果的突破口。做好数据分析有很多好处,例如可以提升用户黏性、更好地打造爆款产品、找准运营方向以及获得更多收益等。下面进行具体解读:

(1)提升用户黏性。移动电商运营的关键就是做好用户的服务。因为没有足够数量的用户群体,再多的努力也可能难以获得预期的运营效果。因此,运营者要特别关心用户的动态,了解用户的数量变化情况,并有针对性地提升用户的黏性。

移动电商运营者平时可能看不出用户变化的作用,但是当推出了新的计划后,用户数据的变化就能发挥很好的参考作用了。它能够反映新计划的实施效果,让移动电商运营者据此总结经验,查漏补缺,采用更吸引用户的营销策略,从而更好地提升用户的黏性。

(2)打造爆款产品。对于移动电商运营者来说,关注市场行情是很有必要的。因此要先了解商品行情,分析哪些产品好卖。对此,运营者可以通过灰豚数据来查看相关商品销售情况。

具体来说,灰豚数据平台为用户提供了"淘宝版""抖音版"和"快手版"三种数据分析版本,移动电商运营者可以选择对应的版本查看商品的销售数据。以查看"淘宝版"数据为例,运营者可以单击灰豚数据平台"首页"界面中的"淘宝版"按钮,如图5-1所示。

图5-1 "淘宝版"按钮示意图

执行操作后,运营者便可以在灰豚数据淘宝版平台的"商品分析"板块中,查看"爆款商品榜""潜力新品榜"和"返场商品榜"的相关数据。

移动电商运营者还可以单击灰豚数据淘宝版平台菜单栏中的"商品分析→爆款商品榜"按钮,进入"爆款商品榜"界面。在该界面中,运营者可以查看爆款商品的"最低价""当日销量"和"当日销售额"等数据，如图5-2所示。

移动电商运营者可以通过单击灰豚数据淘宝版平台菜单栏中的"商品分析→潜力新品榜"按钮，进入"潜力新品榜"界面。在该界面中，运营者可以查看有潜力的新品的"最低价""当日销量"和"当日销售额"等数据，如图5-3所示。

图5-2 "爆款商品榜"界面

图5-3 "潜力新品榜"界面

移动电商运营者还可以单击灰豚数据淘宝版平台菜单栏中的"商品分析→返场商品榜"按钮，进入"返场商品榜"界面。在该界面中，运营者可以查看返场商品的"最低价""直播销量"和"直播总销售额"等数据，如图5-4所示。

（3）找准运营方向。进行数据分析的首要作用，就是能够帮助移动电商运营者更好地选择自身的运营方向。对于移动电商运营新手来说，进行平台内容运营时，可以通过数据的综合表现，得知哪些内容更受用户的欢迎，并据此找到账号运营的调整方向。

比如，移动电商运营者可以查看平台当前的热门内容，了解用户关注的是哪些热点；又如，移动电商运营者可以通过数据的分析、对比，了解自己发布的两条内容中哪一条更受用户的青睐，并据此调整运营方向，通过多生产用户喜爱的内容，来提高账号运营的效果。

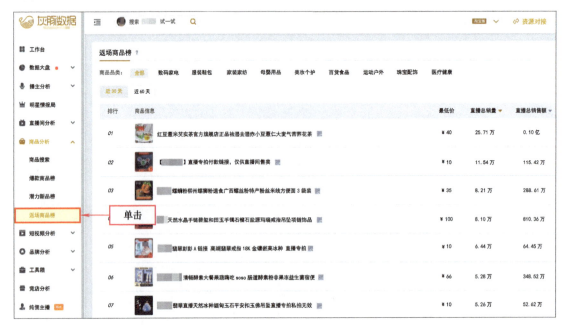

图 5-4 "返场商品榜"界面

（4）获得更多收益。对于移动电商运营者来说，运营的直接目的就是获取收益。运营账号是一件耗费时间和精力的事，如果不能借此获得收益，谁愿意耗费时间和精力去苦心经营呢？也正是因为移动电商领域隐藏着的巨大获益潜力，很多人才会入驻各大移动电商平台，并试图在众多的竞争者中脱颖而出。

通过数据分析，移动电商运营者可以清楚地获知哪些产品、哪些活动更受用户的喜爱。因此，移动电商运营者还要在数据分析的基础上，多提供受用户喜爱的产品和活动，长此以往就能获得更多的收益了。

2. 数据分析的发展前景

数据分析是时代潮流下的产物，更是伴随时代发展、变迁而蓬勃发展的"宝物"。下面我们进一步了解数据分析的发展前景。

（1）市场对数据分析人才的需求增加。随着数据分析备受企业的关注，多数企业明确表示，数据分析是企业运营、产品生产等环节中不可或缺的决策支撑，很多企业设立了数据分析部门或是聘请了不少数据分析方面的人才。

可见，企业对数据分析人才的需求急剧上升。也正因此，数据分析人才的培养机构才会如火如荼地出现，达到了较大的规模。

这样的机构不仅聘请富有经验的数据分析师们分享自己的实战经验，还会在网络上提供付费教程，帮数据分析师们开辟了另外一条"挖金"之路。当然，这也更加方便了那些对数据分析感兴趣、有需求的人群进行学习，久而久之，也就带动了数据分析产业的发展。

如今，像腾讯、知乎、搜狐等大型互联网企业，不仅展现了对数据分析人才的渴求，还制定了高薪酬，势必吸引数据分析人才加入。

> ▶ **专家提醒**
>
> 　　如今，数据分析师岗位越来越被企业看重，一个新行业的出现必将会带动一批新的就业岗位，目前在世界 500 强企业中，有 90% 以上建立了数据分析部门，由此可见，数据分析已经是当下不可或缺的一个行业，一个靠数据竞争的时代正在来临。

（2）数据分析行业呈现持续发展趋势。随着技术的发展和互联网的更新换代，数据的采集技术、储存技术、处理技术得到前所未有的发展，将数据分析提升到了一个新高度。

随着大数据时代的到来，企业对数据分析的需求大幅上升，需要借助数据分析专业服务机构的服务，进行有效的数据分析，如图 5-5 所示。

图 5-5　数据分析专业服务机构的服务

随着移动端的发展，移动支付、LBS（Location Based Service，基于位置的服务）等技术的兴起，数据呈现出"非结构化"趋势，而这种"非结构化"的数据，只要加以分析，即可为企业的商业模式和营销模式带来新的机会。

"非结构化"数据分析是指通过对文本、图片、各类报表和视频等数据进行挖掘，分析出影响企业运营管理、技术开发等方面的因素。"非结构化"数据具有四大特点，即掌握消费者的需求、发现市场的未来趋势、了解竞争对手的动向和提高员工的工作效率。

> ▶ **专家提醒**
>
> 　　结构化的数据，一般是由数字表达出来的信息，方便计算机和数据库技术进行计算、处理，它具有业务洞察力，能影响企业管理者和运营者在业务方面的决策。非结构化的数据是难以量化的，其表现形式多样。

如今数据分析技术不断完善，能促使企业在决策等方面做到科学务实、脚踏实地，帮助企业做出理性、正确的判断。

随着企业数据分析服务需求的不断增强，必然促进专业数据分析机构的工作经验、专业能力和服务水平不断提升，从而进一步增强数据分析师的技术水平，不断提高数据分析的实用价值。

3. 数据的查看方式

移动电商运营者要开展数据分析，首先还得找到对应的数据。那么，移动电商运营者在哪里可以查看移动电商的相关数据呢？通常来说，移动电商运营者可以通过以下三种渠道查看账号的运营数据，即账号主页、官方平台（即账号后台）和第三方平台。

（1）账号主页。许多拥有独立 App 或官网的移动电商平台，设置了专门的账号主页。在账号主页界面中，运营者便可以查看账号的部分数据。

需要注意的是，虽然通过账号主页可以快速查看账号的部分数据，但是该界面中呈现的数据信息相对来说是比较有限的。因此，移动电商运营者如果需要对账号进行全面的分析，通常还需要结合其他渠道的数据进行分析。

（2）官方平台。大多数移动电商平台有自己的官方平台，移动电商运营者只需进入官方平台的后台，便可借助该平台提供的数据分析系统，查看和分析账号的相关数据。

（3）第三方平台。除了账号主页和官方平台之外，移动电商运营者还需借助一些第三方平台，特别是专业的数据分析平台，去查看和分析账号的相关数据。这些平台通常都会对账号各方面的数据进行全方位整合，移动电商运营者只需找到对应的板块，即可查看具体的数据。

网上的数据分析平台有很多，移动电商运营者可以根据自己的账号类型选择合适的第三方数据分析平台。例如，移动电商运营者要分析图文类平台的数据，可以选择新榜平台；要分析视频类平台的数据，可以选择飞瓜数据和蝉妈妈等平台；要分析直播类平台的数据，则可以选择灰豚数据和抖查查等平台。

4. 数据分析的工具

数据分析师面对庞大的数据时，不可能单靠自己的力量和简单计算就能挖掘出数据背后的"故事"。他们需要借助数据分析工具的力量，才能进行高效、实用的数据分析操作，才能达到事半功倍的效果。

> ▶ 专家提醒
>
> 对于初学者来说，Excel 数据分析工具是最简单实用的，它容易上手，且操作步骤也不是太复杂，它是最基本、较全面的数据分析工具。

下面从四个方面进行解读，帮助大家进一步了解数据分析工具，见表 5-1。

表 5-1　数据分析工具

数据储存安全	制作数据报表	常用数据分析	数据美化展示
MySQL	Tableau	Excel	R
LANguard	FineReport	SAS	Gephi
Microsoft Office Access	StyleReport	SPSS	PowerPoint

5. 数据的优化技巧

困扰许多移动电商运营者的一个问题就是运营新媒体账号很久了，账号的相关数据却无法快速提高，导致账号的商业变现能力大打折扣。那么，移动电商运营者如何才能提高相关数据呢？我们认为主要有四种方法，接下来进行具体的分析。

（1）提高内容发布频率。部分运营者在运营新媒体账号时，经常是"三天打鱼两天晒网"，内容的发布频率较低，有的运营者甚至一个月只发布几个作品。

用户查看新媒体平台的内容本身就具有一定的随机性，当运营者发布内容的频率过低时,很多用户不能经常看到你所发布的内容。在这种情况下,账号的整体数据又怎么能够快速提高呢?因此,在新媒体账号的运营过程中,运营者还是要尽可能地提高内容的发布频率,让内容能被更多用户看到。

(2)提高内容整体质量。除了内容的发布频率之外,内容的质量也非常关键。如果你发布的内容用户不喜欢,那么账号的点赞、评论和分享等数据就难以得到保障。因此,移动电商运营者还需重点提升内容的整体质量,赢得更多用户的喜爱。

这一点对于本来就拥有一定粉丝量的账号尤其重要,如果账号发布的内容得不到用户的进一步认同,那么账号很可能会不断掉粉。当然,如果账号发布的内容质量足够高,那么即便内容发布的频率不是很高,账号的数据仍旧会比较有保障。

(3)积极进行引流推广。通常来说,移动电商运营者发布的内容传播范围越广、看到的人越多,账号及内容的数据表现也就越好。因此,为了让内容被更多用户看到,移动电商运营者要积极地对账号及发布的内容进行引流推广。

引流推广的方法有很多,除了到各大网站对账号和内容进行推广,以及利用站内功能吸引用户关注账号和内容之外,移动电商运营者还可以支付一定的费用,借助平台进行推广。

(4)严格做好售前选品。无论是通过自营店铺销售产品,还是帮他人销售产品赚取佣金,移动电商运营者都要严格做好售前选品。高质量的产品不仅可以持续获得销量,而且还会让店铺获得良好的口碑,让店铺中的产品更受用户的欢迎。

那么,如何做好售前选品呢?在选品时移动电商运营者可以重点把握好两个要点:一是产品的销量,二是产品的好评率。

通常来说,产品的销量越高代表产品越受用户的欢迎。所以,在同类产品中,运营者可以通过选择销量相对较高的产品,来保障自己的销售收入。产品的好评率可以通过用户给出的商品评价来进行评估。移动电商运营者还可以通过好评送优惠券、送小礼品等方式,引导用户给出好评。

(二)运营分析的指标体系

通常来说,移动电商的运营分析指标体系主要包含八项指标,如图 5-6 所示。当然,移动电商运营者也可以根据自身的特点和业务需要构建专属的指标体系。

店铺流量指标
——PV 与 UV

图 5-6　运营分析指标体系

在众多运营分析指标中，移动电商运营者要特别关注总体运营指标。具体来说，总体运营指标中又包含了三项指标，见表 5-2。

表 5-2 总体运营指标的构成指标

指　标	构　成
流量类指标	页面访问数（PV 数）
流量类指标	独立访客数（UV 数）
流量类指标	人均页面访问数
订单产生效率指标	总订单量
订单产生效率指标	总转化率
总体销售业绩指标	总成交金额（GMV）
总体销售业绩指标	销售金额
总体销售业绩指标	客单价
总体销售业绩指标	销售毛利
总体销售业绩指标	毛利率

在移动电商店铺的运营过程中，有两个必须要重点把握的数据，那就是页面访问（Page View，PV）数和独立访客（Unique Visitor，UV）数。页面访问数，简单的理解就是页面的点击量，用户每点击一次或刷新一次页面，店铺的 PV 数就增加 1；独立访客数，即访问店铺的用户的数量，需要注意的是每台设备对应 1 个访客数，同一用户多次进入店铺中，店铺的 UV 数不会增加。

由此不难看出，店铺的 UV 数比 PV 数更能衡量店铺的真实运营情况。对此，移动电商运营者在分析店铺的运营情况时，可以结合总成交金额、客单价和 UV 数等，制作运营数据列表，增加分析的直观性。

三、任务实施

任务目标

通过本任务实训，让学生熟练掌握移动电商店铺的运营分析指标体系的分析方法，独立完成店铺的运营分析。

实训任务

收集某个店铺的相关数据，分析其最近 1 个月的运营情况，并通过与同类店铺对比，了解其运营水平。

实施步骤

第一步，确定要分析的店铺，如百草味官方旗舰店。

第二步，确定要重点分析的运营数据，如销量、销售额、浏览量、平均转化率和客单价等。

第三步，制作一个运营数据分析统计表，统计该店铺与同类店铺（如良品铺子旗舰店和三只松鼠官方旗舰店）的数据，见表5-3。

表5-3 店铺最近1个月运营数据分析统计表

店 铺 名 称	销　　量	销 售 额	浏 览 量	平均转化率	客 单 价
百草味旗舰店					
良品铺子旗舰店					
三只松鼠官方旗舰店					

第四步，通过多个渠道，收集上述店铺最近1个月的销量、销售额、浏览量、平均转化率和客单价数据。例如，可以在"飞瓜数据"小程序中，①输入"百草味"，并进行搜索；②点击搜索结果中的对应小店，如图5-7所示。执行操作后，即可在"小店详情"界面中，查看百草味旗舰店最近1个月的销售额、销量、浏览量和客单价数据，如图5-8所示。

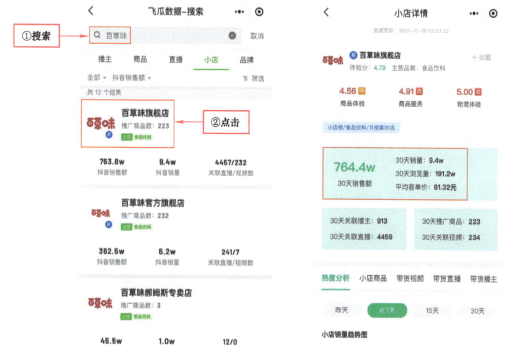

图5-7 点击搜索结果中的对应小店　　　　图5-8 "小店详情"界面

又如，可以在"蝉妈妈 抖音版"中，①输入"三只松鼠"，并进行搜索；②单击搜索结果中的对应小店，如图5-9所示。执行操作后，即可看到三只松鼠官方旗舰店最近1个月的销售额、销量、平均转化率和客单价等数据，如图5-10所示。

需要注意的是，不同数据分析软件（或网站）中的数据可能会有一些差异，对此，我们可以选取平均数据进行统计。

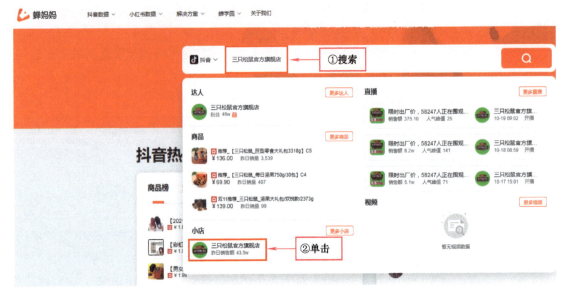

图 5-9 单击搜索结果中的对应小店

图 5-10 三只松鼠官方旗舰店数据搜索结果

第五步,将搜集到的数据填入"店铺最近 1 个月运营数据分析统计表"中。

第六步,根据"店铺最近 1 个月运营数据分析统计表"中的数据,对比分析百草味旗舰店与同类店铺的运营情况,了解百草味旗舰店有哪些数据是领先的,有哪些数据是暂时落后的。

四、知识巩固

1. 移动电商运营者可以通过数据的分析达到多个运营目的。(判断题)　　(　　)

　　A. 对　　　　　　B. 错

2. 移动电商运营者可以通过账号主页、官方平台和第三方平台查看移动电商的相关数据。(判断题)　　　　　　　　　　　　　　　　　　　　　　　　　(　　)

　　A. 对　　　　　　B. 错

3. 移动电商数据的常用优化方法主要包括哪些？（多选题）　　　　（　　）
   A．提高内容发布频率　　　　　　B．提高内容整体质量
   C．积极进行引流推广　　　　　　D．严格做好售前选品
4. 以下哪些属于运营分析指标体系的常见指标？（多选题）　　　　（　　）
   A．总体运营指标　　　　　　　　B．市场竞争指标
   C．网站流量指标　　　　　　　　D．销售转化指标
5. 下面哪个指标不属于总体运营指标？（单选题）　　　　　　　　（　　）
   A．流量类指标　　　　　　　　　B．订单产生效率指标
   C．客户价值指标　　　　　　　　D．总体销售业绩指标

五、课外训练

通过总体运营指标的分析，对两个移动电商店铺的运营状况进行对比，并判断哪个店铺运营得更好。在此过程中，移动电商运营者可以制作店铺总体运营指标分析表，见表5-4。

表5-4　店铺总体运营指标分析表

指标名称	店铺A数据	店铺B数据
流量类指标		
订单产生效率指标		
总体销售业绩指标		

任务二　分析移动电商运营数据

无论是做什么事，都应该先理清思路，找到合适的方法，移动电商数据分析也是如此。在学习移动电商数据分析的过程中，移动电商运营者一定要了解数据分析的方法。

本任务重点讲解一些电商数据分析的步骤和方法，帮助大家快速入门移动电商数据分析。

学习目标：

◎　了解移动电商数据分析的步骤
◎　掌握移动电商数据分析的方法

一、任务描述

案例描述

由于对移动电商运营比较感兴趣，而且也曾运营过一段时间的微信公众号，因此李四

毕业之后便应聘了某移动电商公司的运营职位。在李四看来，运营主要就是在平台上发布内容，吸引更多用户的关注。但是，上了几天班之后，运营团队的领导便要他通过数据分析，分析公司旗下某个店铺的运营情况。

李四哪里知道什么数据分析，就连"数据分析"这个词都没听说过几次。所以，当团队领导要求他做数据分析时，他只得通过网络搜索数据进行分析。

问题分析：

李四如何才能有条不紊地分析公司旗下店铺的数据？在分析移动电商数据的过程中，可以使用哪些数据分析方法？

二、知识准备

有的移动电商运营者可能对数据分析知之甚少，下面具体介绍移动电商数据分析的步骤和方法，让没有数据分析经验的移动电商运营者也能快速掌握相关知识。

（一）移动电商数据分析的步骤

通常来说，移动电商数据分析大致可以分为五个步骤，即明确目的、采集数据、处理数据、分析数据和归纳数据。

1. 明确目的

在做一件事之前一定要先明确行动的目的，这样才能有的放矢，朝着目标推进，做移动电商数据分析也是如此。如果移动电商运营者需要进行数据分析，首先要做的就是明确自己的目的，即为什么要做数据分析。

通常来说，移动电商运营者可以结合账号近期出现的情况或开展的活动，明确数据分析的目的。

比如，账号近期出现了粉丝流失严重的现象，那么移动电商运营者便可以将数据分析的目的明确为寻找粉丝流失的原因；又如，账号近期开展了某项促销活动，那么移动电商运营者便可以将数据分析的目的明确为评估促销的效果。

2. 采集数据

数据的获取渠道

当数据分析的目的明确之后，移动电商运营者便可以根据目的来进行数据的采集。通常来说，移动电商数据的采集主要有三种方法，具体如下。

1）通过平台的后台数据统计采集数据。
2）通过第三方平台的数据统计采集数据。
3）人工手动统计采集数据。

以采集移动电商微信公众号的用户数量变化数据为例，移动电商运营者可以直接在微信公众号后台查看近期的用户数量变化数据列表。这便属于通过平台的后台统计采集数据。

3. 处理数据

经过采集之后，移动电商运营者可以获得一系列的数据。但这些数据中也包含自己暂时不需要的，或者是无效的内容。有时光看数据可能还不够直观，移动电商运营者可以选择需要的数据，利用 Excel 绘制成图。

例如，移动电商运营者需要直观地把握账号的新关注人数，可以将新关注人数的数据绘制成图表。如图 5-11 所示，为某移动电商微信公众号 2021 年 2 月 16 日至 22 日的新关注人数变化图。

图 5-11　某移动电商微信公众号的新关注人数变化

4. 分析数据

对数据进行处理之后，移动电商运营者便可以针对数据进行分析，评估相关数据是否达到预期目标了。

例如，移动电商运营者可以在图 5-11 的基础上，增加一条目标人数线，用以评估新关注人数是否达到了目标，如图 5-12 所示。通过该图不难看出，只有 2021 年 2 月 16 日、21 日和 22 日的数据是达到目标的。

图 5-12　对数据进行评估

5. 归纳数据

数据分析完成后，移动电商运营者便可以将分析结果进行归纳总结。这个步骤可以定期进行，对特定时间段内的数据进行总结。

比如，同样是分析账号的新关注人数，移动电商运营者可以每周进行一次，然后每个月进行一次总结，再将 3 个月的数据进行汇总，进行每个季度的数据总结。依此类推，还可据此进行半年、全年的数据分析。

（二）移动电商数据分析的方法

在进行移动电商数据分析的过程中，方法的运用很重要。下文将重点讲解八种数据分析方法，大家可以结合自身情况进行选择。

1. 直接评判法

直接评判法，简单理解就是移动电商运营者根据自身的经验对数据进行分析和评估。通常来说，运用直接评判法分析数据时要满足如下两个条件。

1）移动电商运营者自身拥有丰富的经验，能够正确分析和评估数据。
2）用于分析的移动电商数据要足够直接，可以直观地评判数据的优劣。

例如，除了 2021 年 4 月 5 日和 4 月 7 日之外，某移动电商账号净增关注人数在 2021 年 4 月其他时间的数值都为正数。此时，移动电商运营者便可以根据自身的经验对数据进行评估。

如果该移动电商账号的净增关注人数基本上都为正数，而且绝大多数时间的数值都超过了 30，那么就可以利用直接评判法，判断出 2021 年 4 月 5 日和 4 月 7 日该账号的运营数据出现了异常。对此，移动电商运营者可以对该时间段的运营情况进行分析，寻找导致数据异常的原因。

2. 分组分析法

分组分析法，主要是通过对分析对象进行分组，然后对各组别的数据进行分析和评估的一种方法。需要特别注意的是，利用这种方法进行数据分析时，分组要明确，数据既不能出现交叉，也不能出现遗漏。

图 5-13 为某移动电商账号的粉丝性别分布图。该图根据账号粉丝的性别进行分组，然后对各性别粉丝的占比情况进行呈现，这便属于一种典型的分组分析。

图 5-13　某移动电商账号的粉丝性别分布图

3. 结构分析法

结构分析法，简单理解就是将各部分与总体进行比较，呈现各部分所占比例的一种方法。图 5-14 为某移动电商微信公众号内容阅读量的渠道构成图，其便是利用结构分析法对数据进行呈现的。

图 5-14　某移动电商微信公众号内容阅读量的渠道构成图

4. 对比分析法

对比分析法，顾名思义就是通过不同对象之间的比较进行分析，了解彼此的差距，从而判断出运营的效果。在数据分析的过程中，比较常见的是对两组数据进行横向和纵向对比。横向对比是指对同一时间段内不同对象进行对比；纵向对比是指对不同时间段的同一对象进行对比。

5. 平均分析法

平均分析法是指通过衡量具体数值与平均数值的关系，以及该数值相关表现的一种方法。常见的平均数值包括算术平均值、几何平均值和对数平均值。因为平均数值是数据的均值，所以，通常来说，具体数值会在平均数值附近移动。因此，平均数值便能从一定程度上预测数据接下来的走势。

图 5-15 为一张净增关注人数分析图。可以看到该图中便是通过与算数平均值的对比，来分析该移动电商 3 月（2021 年）净增关注人数的数值表现的。很显然，这便是利用平均分析法进行的一种数据分析。

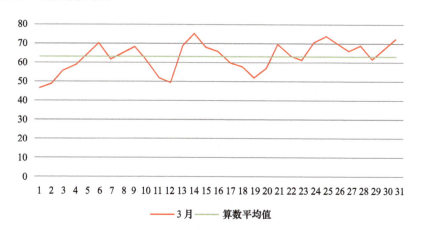

图 5-15　净增关注人数分析图

6. 矩阵分析法

矩阵分析法，就是将两个指标作为横坐标和纵坐标，将坐标轴分为四个象限，从而让移动电商运营者直观把握数据在这两个指标中的表现,并在对数据进行评估的基础上,寻找相应的解决方案。

举个简单的例子,我们可以根据重要性和紧迫性对将要做的事情进行分类,然后根据自身情况确定做这些事情的先后顺序。具体来说,可以先将重要性和紧迫性作为横坐标和纵坐标,将坐标轴分为四个象限,也就是将要做的事情分为重要且紧迫、不重要但紧迫、不重要不紧迫和重要但不紧迫四个类别,如图 5-16 所示。

分类确定之后,移动电商运营者便可结合自身需求确定做事情的先后顺序。如果需要尽可能地将事情全部完成,便可将紧迫性作为第一指标,并在坐标轴上标上序号,让先后顺序更加直观,如图 5-17 所示。

移动电商运营者如果想先将重要的事情做完,也可以将重要性作为第一指标来进行排序。参照同样的方法,便可以借助两个指标对数据的重要性进行排序,以直观地了解哪些数据对自己来说更重要。

图 5-16 根据重要性和紧迫性划分象限　　图 5-17 将紧迫性作为第一指标进行排序

7. 漏斗分析法

漏斗分析法,就是利用一张漏斗图对多种数据依次进行呈现,通常来说,越重要的数据放在漏斗图的越下方。图 5-18 为一张漏斗分析图。也就是说,在该图中,移动电商运营者认为比较重要的数据是支付成功的数据。

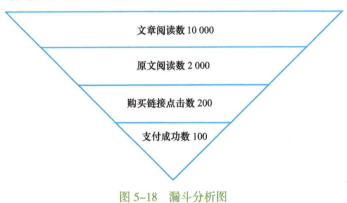

图 5-18 漏斗分析图

漏斗分析法是体现数据重要程度的一种有效排列方法。移动电商运营者在绘制漏斗分析图的过程中,便在心中对数据的重要程度进行了排序。而漏斗分析图绘制完成后,移动电商运营者认为最重要的数据便会出现在漏斗图的最下方。因此,漏斗分析法也被认为是筛选关键数据的一种便捷方法。

8. 雷达分析法

雷达分析法，是通过一张图对各类数据进行直观呈现，并在此基础上对数据进行对比分析。与其他分析法相比，雷达分析法的优势就在于可以对多个数据的数值同时进行比较，从中找出数值相对较低的数据。

通常来说，如果一个数值相对较低，那么该数据便是有待提高的。因此，雷达分析法也常被用来分析运营过程中的薄弱环节。图 5-19 为某移动电商账号的指数图，其运用的便是雷达分析法。

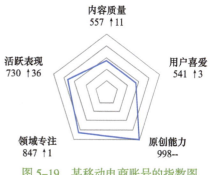

图 5-19　某移动电商账号的指数图

三、任务实施

任务目标

通过本任务实训，让学生熟练掌握直接评判法和对比分析法，懂得独立完成数据分析。

实训任务

查看某移动电商账号的运营数据，并运用对比分析法对该账号最近一个月（每个月按 30 天计算）和之前一个月的关注用户（即粉丝数）变化情况进行分析。

实施步骤

第一步，确定要分析的移动电商账号，如贵人鸟官方账号。

第二步，查看该账号近 30 天的关注用户变化情况。例如，可以在"蝉妈妈 抖音版"中，搜索"贵人鸟官方账号"，并查看该账号近 30 天的"粉丝趋势"数据，如图 5-20 所示。

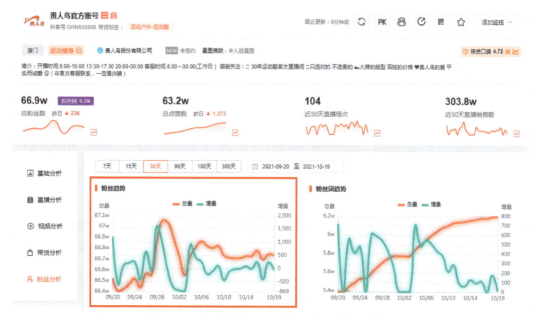

图 5-20　查看账号近 30 天的"粉丝趋势"数据

如果移动电商运营者觉得"粉丝趋势"中的"增量"数据有些干扰（这里我们只需分析粉丝的总量变化情况即可），可以单击变化趋势图上方"增量"所在的位置。执行操作后，即可单独查看粉丝总量的变化情况，如图 5-21 所示。

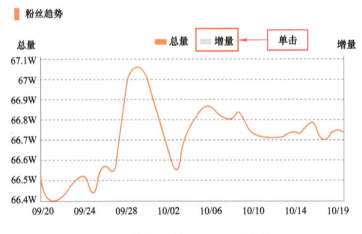

图 5-21　单独查看粉丝总量的变化情况

第三步，根据关注用户变化情况，用直接评判法分析该账号近 30 天的运营情况。该账号的粉丝变化趋势出现过三个相对低点（画圆圈的位置），如图 5-22 所示。对此，移动电商运营者只需用直接评判法便可以得出，这三个相对低点处的运营情况还有待加强。

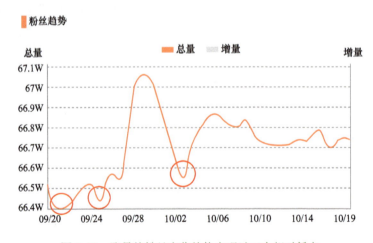

图 5-22　账号的粉丝变化趋势出现过三个相对低点

第四步，查看该账号之前一个月的关注用户变化情况。例如，移动电商运营者可以单击"粉丝趋势"右上方的时间，如图 5-23 所示。执行操作后，在弹出的面板中，选择之前一个月所处的时间段，即 2021 年 8 月 21 日至 2021 年 9 月 19 日，如图 5-24 所示。执行操作后，即可在"粉丝趋势"中，查看该账号之前一个月的粉丝变化情况，如图 5-25 所示。

项目五　移动电商数据运营与效果监测

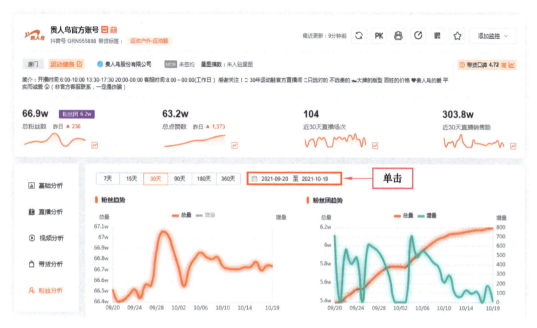

图 5-23　单击"粉丝趋势"右上方的时间

图 5-24　选择之前一个月所处的时间段

图 5-25　之前一个月的粉丝总量变化情况

143

第五步，将图 5-21 和图 5-25 放在一起，通过对比分析法，分析最近一个月和之前一个月的粉丝变化情况，并在此基础上，判断最近一个月的运营情况。如果有条件，移动电商运营者还可以将这两个月的粉丝变化情况绘制成一张图，从而更加直观地进行对比分析。

四、知识巩固

1. 在分析数据时，数据越多越好，不需要特意进行数据处理。（判断题） （　　）
   A. 对　　　　　B. 错
2. 在使用雷达分析法分析移动电商数据时，移动电商运营者心中觉得最重要的数据便会出现在雷达图的最下方。（判断题） （　　）
   A. 对　　　　　B. 错
3. 矩阵分析法就是利用三种指标对数据的表现进行评估。（判断题） （　　）
   A. 对　　　　　B. 错
4. 以下哪些属于移动电商数据分析的步骤？（多选题） （　　）
   A. 采集数据　　B. 处理数据　　C. 分析数据　　D. 归纳数据
5. 以下哪些属于移动电商数据分析的方法？（多选题） （　　）
   A. 分组分析法　B. 对比分析法　C. 结构分析法　D. 矩阵分析法

五、课外训练

统计 A、B 两个店铺的销量、销售额、店铺浏览量、关注用户数和客单价数据，并通过一张表格直观地展示这些数据，见表 5-5。利用对比分析法，分析表格中的数据，判断哪个店铺运营得更好。

表 5-5　店铺运营数据统计

店　铺	销　量	销　售　额	店铺浏览量	关注用户数	客　单　价
店铺 A					
店铺 B					

任务三　监测移动电商运营效果

在移动电商的运营过程中，除了发布内容、吸引流量、促进销售等常见工作之外，移动电商运营者还需要对移动电商的运营效果进行监测。

那么，究竟要如何对运营效果进行监测呢？

学习目标：

◎ 掌握内容传播数据监测方法
◎ 掌握商品销售数据监测方法

一、任务描述

案例描述

张女士经营了一家实体服装店，为了增加收益，她不仅入驻了短视频平台，还进行了几场服装销售直播。因为有线下经营的经验，所以张女士在选品时，会尽量选择线下受欢迎的服装品类。但是，线上、线下顾客的消费偏好存在一些差异，张女士按照这种选品方法推销商品时，销量很难有所提高。

于是张女士想换一种选品方法，如可以在直播间提供几种服装，然后通过数据监测来判断哪些服装比较受线上顾客的欢迎。但是，张女士对数据分析的了解较少，不知道如何进行数据监测。

问题分析：

张女士应该如何通过直播数据的监测，选择更受线上顾客欢迎的商品呢？除了直播数据的监测之外，张女士还可以通过哪些数据监测方法，选出更受线上顾客欢迎的商品呢？

二、知识准备

在监测移动电商运营效果的过程中，移动电商运营者可以根据对象的不同，分别对所发布内容的传播数据和商品的销售数据进行监测，具体的监测方法如下。

（一）内容传播数据监测

移动电商的内容传播形式主要包括文字、图片、视频和直播等。下面以直播传播数据的监测为例，介绍具体的监测方法。

如果移动电商运营者正在进行直播，或者将要进行直播，便可以通过直播数据监控，了解单场直播的实时数据。下面以灰豚数据平台为例，介绍如何借助直播监控功能查看和分析账号直播的实时数据。

步骤 01　如果抖音号正在进行直播，移动电商运营者可以在灰豚数据平台"直播监测"界面的搜索栏中，①输入账号名称；②单击 🔍 图标；③在弹出的列表框中，选择正在进行直播的账号（即播主），如图5-26所示。

步骤 02　进入账号数据分析界面，单击界面中的账号头像，如图5-27所示。执行操作后，即可进入账号直播数据监测界面，查看该场直播的相关数据。

具体来说，进入账号直播数据监测界面之后，移动电商运营者可以在界面上方看到直播的基本信息，以及直播流量层级、成交等级和留存能力的相关数据，如图5-28所示。

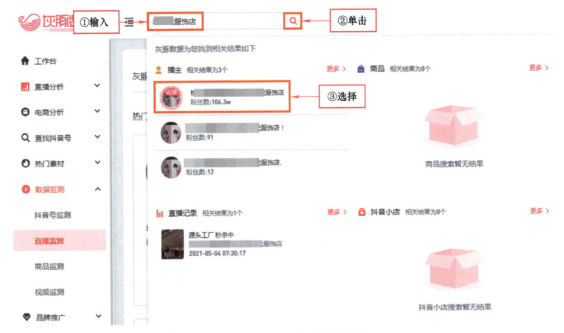

图 5-26 选择正在进行直播的账号

图 5-27 单击账号头像

图 5-28 直播流量层级、成交等级和留存能力的相关数据

除了流量层级、成交等级和留存能力的相关数据之外,移动电商运营者还可以在直播数据监测界面中查看该场直播的留存分析、热门趋势、商品列表、观众画像、引流视频和音浪榜单 TOP10(前 10 名)的相关数据。

具体来说，在"留存分析"板块中，移动电商运营者可以查看该场直播的进场人数、在线人数和留存指数变化情况。而且将鼠标停留在图中某个位置，还可以查看对应时刻进场人数、在线人数和留存指数的具体数值，如图5-29所示。

图5-29　对应时刻进场人数、在线人数和留存指数的具体数值

在"热门趋势"板块中，移动电商运营者可以查看该场直播的在线人数、音浪收入和销售额（增量）变化情况。而且将鼠标停留在图中某个位置，还可以查看对应时刻在线人数、音浪收入和销售额（增量）的具体数值，如图5-30所示。

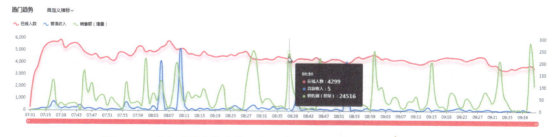

图5-30　对应时刻在线人数、音浪收入和销售额（增量）的具体数值

当然，除了在线人数、音浪收入和销售额（增量）之外，移动电商运营者还可以通过一些简单的操作，在"热门趋势"板块中查看其他的相关数据。

具体来说，移动电商运营者可以：①单击"热门趋势"板块中的"自定义指标"按钮；②在弹出的"设置自定义指标"提示框中，选中需要查看的数据指标前的复选框，如销售额（总量）；③单击"关闭"按钮，如图5-31所示。

图5-31　设置自定义指标

在执行操作后，返回"热门趋势"板块。此时，移动电商运营者便会发现图中出现了"销

售额（总量）"的数据变化情况，如图 5-32 所示。

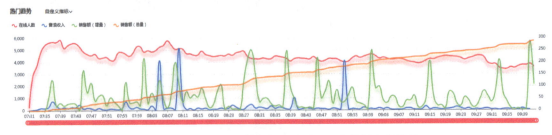

图 5-32　图中出现"销售额（总量）"的数据变化情况

在"商品列表"板块中，移动电商运营者可以通过选中访问流量、成交转化和商品属性的相关选项，查看直播中商品的相关数据。在选择完成后，移动电商运营者即可查看满足条件的商品的上架时间、上架时销量、优惠价、预估销量、预估销售额和佣金比例等数据，如图 5-33 所示。

图 5-33　查看满足条件的商品的相关数据

"观众画像"板块的内容分为上、下两个部分。在"观众画像"板块的上半部分，移动电商运营者可以查看该场直播的基本情况及观众的来源和观众来源趋势图，如图 5-34 所示。

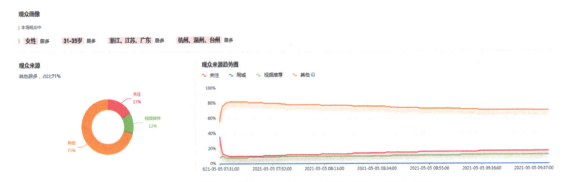

图 5-34　直播的基本情况及观众的来源和观众来源趋势图

在"观众画像"板块的下半部分,移动电商运营者可以查看该场直播的地域分布(包括省份和城市分布)、性别分布和年龄分布情况,如图5-35所示。部分图中没有显示具体的占比情况,此时移动电商运营者只需将鼠标停留在对应位置,便可查看其具体的占比情况。

图5-35　查看该场直播的地域分布、性别分布和年龄分布情况

在"引流视频"板块中,移动电商运营者可以查看本场直播中来自视频推荐的占比情况、最近发布的视频的预估引流人数和直播间点赞增量的相关数据。某直播监测中的"引流视频"板块如图5-36所示。

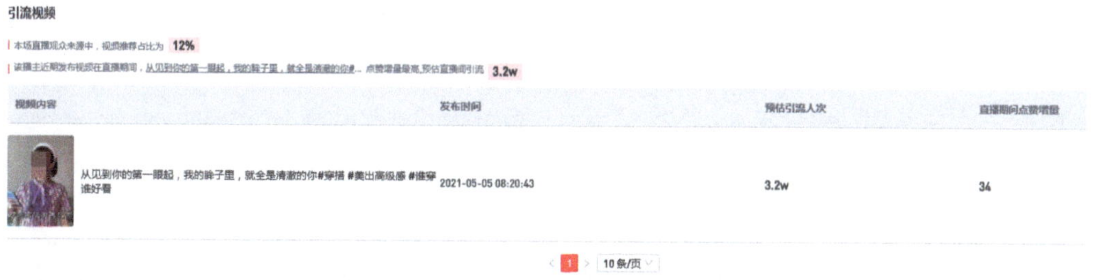

图5-36　某直播监测中的"引流视频"板块

在"音浪榜单TOP10"板块中,移动电商运营者可以查看本场直播中音浪贡献最多的10位观众,以及这10位观众具体的音浪贡献值和贡献占比情况。某直播监测中"音浪榜单TOP10"板块的部分内容如图5-37所示。

图5-37　某直播监测中"音浪榜单TOP10"板块的部分内容

(二)商品销售数据监测

除了内容传播数据之外,移动电商运营者还可以对商品销售数据进行监测,判断自己销售的商品是否受顾客的欢迎。下面以灰豚数据为例，介绍商品销售数据的监测方法。

步骤 01 进入灰豚数据的"商品监测"界面，单击界面中的"我的商品"按钮，如图 5-38 所示。

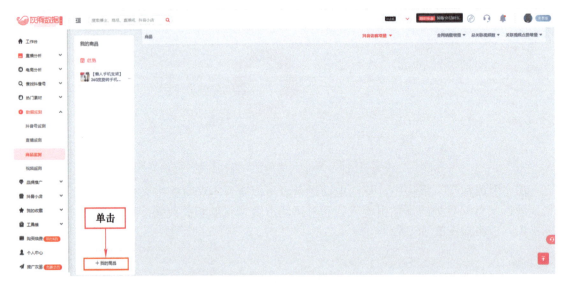

图 5-38 单击"我的商品"按钮

步骤 02 执行操作后，会弹出"添加商品"提示框。在提示框中，①粘贴商品的链接（在此之前，需要先进入商品的销售界面，复制界面链接）并搜索；②在搜索结果中选择商品所在的位置；③单击"立即添加"按钮，如图 5-39 所示。

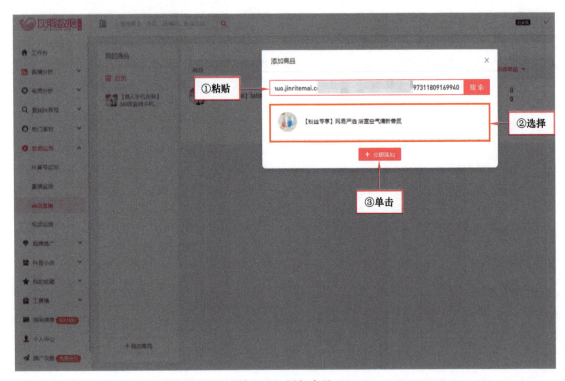

图 5-39 添加商品

步骤03 在执行操作后,"商品"界面中便会出现该商品的相关信息,单击该商品相关信息所在的位置,如图5-40所示。

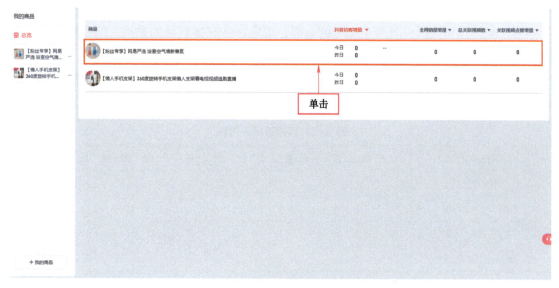

图5-40 单击商品相关信息所在的位置

步骤04 进入商品数据监测界面,该界面中便会显示商品的抖音访客量、全网销量、关联视频数、关联主播数,以及今日实时数据,如图5-41所示。

图5-41 商品数据监测界面

三、任务实施

任务目标

通过本任务实训,让学生熟练掌握数据监测方法,并能根据监测数据判断内容和商品的受欢迎程度。

实训任务

开展抖音直播,对直播的数据进行实时监测,并在此基础上分析哪个时间段的直播效果比较好、哪些产品更受用户的欢迎。

> **实施步骤**

第一步，计划进行一场两个小时的直播，确定评估直播效果的数据，如在线人数、观看人数、销量、销售额和涨粉数等数据。

第二步，将半个小时作为一个时间段，利用第一步中的数据，制作一张直播效果评估表，见表 5-6。

表 5-6 直播效果评估表

直播时间段	在 线 人 数	观 看 人 数	销 量	销 售 额	涨 粉 数
前半个小时					
第二个半个小时					
第三个半个小时					
最后一个半个小时					

第三步，添加直播商品，并开始进行直播。

第四步，在直播的相应时间段，填写直播效果评估表中的相关数据。

第五步，通过直播效果评估表中的数据，分析哪个时间段的直播效果相对较好。

第六步，在直播结束后，查看直播中商品的销售情况，分析哪些产品更受用户的欢迎。

例如，移动电商运营者可以在"灰豚数据 抖音版"中搜索对应的抖音号，进入"直播记录"界面，单击对应直播所在的位置，如图 5-42 所示。在执行操作后，即可在"商品列表"中查看直播中各商品的销售情况，如图 5-43 所示。

图 5-42 单击对应直播所在的位置

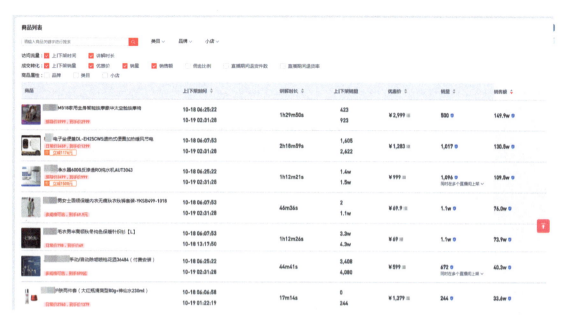

图 5-43 查看直播中各商品的销售情况

第七步，多开展几场直播，并制作一张商品销售数据分析表，记录 10 种商品的总销售数据，见表 5-7。

表 5-7 商品销售数据分析表

商 品 名 称	总 销 量	总 销 售 额
商品 1		
商品 2		
商品 3		
商品 4		
商品 5		
商品 6		
商品 7		
商品 8		
商品 9		
商品 10		

第八步，对表 5-7 中的数据进行分析，并在此基础上判断哪种商品比较受用户的欢迎。

四、知识巩固

1. 无论是发布的内容，还是销售的商品，我们只要知道当前的部分数据就可以了，没必要花费心力去进行监测。（判断题）　　　　　　　　　　　　　　　（　　）

　　A．对　　　　　　　　B．错

2. 只要找到方法，发布的内容、图片、视频和直播，都是可以监测数据的。
（判断题） （   ）
    A．对　　　　　　B．错

3. 在灰豚数据的"留存分析"板块中，移动电商运营者可以查看哪些数据？
（多选题） （   ）
    A．进场人数　　　B．在线人数　　　C．留存指数　　　D．音浪收入

4. 在灰豚数据的"观众画像"板块中，移动电商运营者可以查看哪些数据？（多选题）
（   ）
    A．观众来源　　　B．地域分布　　　C．性别分布　　　D．年龄分布

5. 在灰豚数据的"商品监测"界面中，移动电商运营者可以查看哪些数据？（多选题）
（   ）
    A．抖音访客量　　B．全网销量　　　C．关联视频数　　D．关联主播数

五、课外训练

发布一条视频（如视频 A），并根据本任务所学，对该视频的传播数据（如点赞量、评论量、收藏量和转发量）进行监测，并将其与之前发布的视频（如视频 B、视频 C）进行对比，从而评估这条视频的受欢迎程度。在此过程中，为了让对比更加直观，移动电商运营者可以制作一张视频传播数据分析表，见表 5-8。

表 5-8　视频传播数据分析表

视频名称	点赞量	评论量	收藏量	转发量
视频 A				
视频 B				
视频 C				

参 考 文 献

[1] 王红蕾，安刚. 移动电子商务 [M]. 3 版. 北京：机械工业出版社，2022.
[2] 阿里巴巴商学院. 电商运营 [M]. 2 版. 北京：电子工业出版社，2019.
[3] 刘雷，汤飞飞. 移动商务运营：慕课版 [M]. 北京：人民邮电出版社，2021.
[4] 叶秋萍. 数据运营：数据分析模型撬动新零售实战 [M]. 北京：电子工业出版社，2022.
[5] 王小黎，陈领弟. 电子商务实务 [M]. 北京：中国纺织出版社，2017.
[6] 钟元生，徐军. 移动电子商务 [M]. 2 版. 上海：复旦大学出版社，2020.
[7] 宋磊. 移动电子商务 [M]. 北京：北京理工大学出版社，2019.
[8] 林富荣. WordPress 电子商务运营从入门到实战 [M]. 北京：清华大学出版社，2021.
[9] 黄成明. 数据化管理：洞悉零售及电子商务运营 [M]. 北京：电子工业出版社，2014.
[10] 施奈德. 电子商务：原书第 12 版 [M]. 张俊梅，袁勤俭，杨欣悦，等译. 北京：机械工业出版社，2020.
[11] 苏静，翟旭君. 传统企业电商之道 [M]. 北京：电子工业出版社，2013.
[12] 莱昂. 移动 Web 实现指南：面向移动设备的网站优化、开发和设计 [M]. 张皛珏，译. 北京：人民邮电出版社，2012.
[13] 刘宏，石声波. 电子商务概论 [M]. 3 版. 北京：北京交通大学出版社，2018.
[14] 谭贤. 移动互联网时代：玩转 O2O 营销实战手册 [M]. 北京：中国铁道出版社，2014.
[15] 苗成栋，于帅. 电子商务概论 [M]. 北京：北京大学出版社，2009.
[16] 弗里曼. HTML5 权威指南 [M]. 谢廷晟，牛化成，刘美英，译. 北京：人民邮电出版社，2014.
[17] 侯青林. 互联网三国杀 [M]. 成都：四川人民出版社，2012.
[18] 胡世良. 移动互联网商业模式创新与变革 [M]. 北京：人民邮电出版社，2013.